KB079909

# THE PRINCIPLES OF
# A GREAT SALESMAN

Joo Hoon

위대한 세일즈맨의 원칙

초판 1쇄 인쇄 | 2022년 09월 26일
초판 1쇄 발행 | 2022년 10월 10일

지은이 주  훈
발행인 이승용

편집주간 이상지
마케팅 이정준 정연우
북디자인 이영은 | 홍보영업 백광석
기획 백작가

브랜드 치읓
문의전화 02-518-7191 | 팩스 02-6008-7197
홈페이지 www.shareyourstory.co.kr
이메일 publishing@lovemylif2.com

발행처 (주)책인사
출판신고 2017년 10월 31일(제 000312호)
값 14,800원 | ISBN 979-11-90067-59-1

＊ 치읓 출판사는 (주)책인사의 퍼블리싱 그룹의 브랜드입니다.
＊ 이 책은 저작권법에 따라 보호받는 저작물이므로 무단 전재와 무단 복제를 금지하며, 이 책
   의 전부 또는 일부를 이용하려면 반드시 치읓 출판사의 서면 동의를 받아야 합니다.

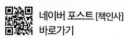 네이버 포스트 [책인사]
바로가기

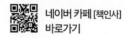 네이버 카페 [책인사]
바로가기

1만 번의 경험을 통해서 얻게 된 영업의 비밀

# 위대한 세일즈맨의 원칙.

주훈 지음

## THE PRINCIPLES OF A GREAT SALESMAN

15년간 단 하루도 빼놓지 않았던 가장 사실적이고 진실만 기록

"이 원칙을 알면
성과는 배수가 아닌 제곱으로 늘어난다!"

10년 연속
Million Dollar
Round Table
달성

계약유지율
99.8% 기록
(13회차 기준)

2022 KB
라이프파트너스
MDRT 회장

# 위대한 세일즈맨에 관하여

힘들어하는 후배들과 일에 대해 얘기를 나눌 때가 있다. 그럴 때면 나도 모르게 욕심이 생긴다. 이 대화가 도움이 되어 덜 힘들어하길, 더 용기 내어 앞으로 나아가길. 강의를 할 때도 마찬가지다. 그러다 한 가지 사실을 알게 됐다.

그들에게는 내가 지금 일을 잘하고 있고, 많은 급여를 받고 있고, 좋은 계약을 체결했다는 얘기는 힘이 되지 못한다. 오히려 가장 친한 친구에게 거절 받은 얘기, 만날 사람이 없어서 하루 종일 사무실에 앉아 있던 얘기, 강화도 공영주차장에서 눈물 흘린 얘기, 돈이 없어서 밥도 못 먹었던 얘기, 추운 겨울날 차에서 새우잠을 잘 수밖에 없던 얘기에 더 공감하고 용기를 얻는다.

돌이켜보면 나도 그랬다. 세일즈 중에서도 가장 어렵고 힘들다고 하는 게 보험 세일즈다. 시작은 당차게 했지만, 생각한 것 이상으로 힘든 일이었다. '이 일을 계속해야 하나? 내가 과연 할 수 있는 일인가?' 편견과 싸워야 했고, 자존심과 자존감이 하루에도 수십 차례 곤두박질쳤다. 그럴 때마다 세일즈로 성공한 선배들의 강의를 듣고 그들의 책을 읽었다. 그중에서도 멋있고 화려한 모습 뒤에 숨겨진 모습을 볼 때면, 오히려 '저 선배도 나처럼 힘들 때가 있었구나. 나보다 더 어렵고 힘든 상황에서도 일을 하셨구나' 하며 공감하고 희망을 가질 수 있었다.

선배들의 얘기는 나를 위로해 주고 치료해 주기에 충분했다. 지금까지도 큰 힘이 되어 주고 있다. 이제는 내가 후배들에게 그런 선배가 되고 싶은 모양이다.

나는 머리가 좋지 못하다. 공부를 잘하지도 못했다. 할 줄 아는 것도, 아는 것도 많지 않다. 그냥 보통의 평범한 사람이다. 하지만 감사하게도 신(神)은 나에게 능력 하나를 주셨다. 바로 '믿음'의 능력이다. 나는 나를 믿었다. 비록 지금 당장은 초라하고 보잘것없어 보일지 몰라도, 분명 크게 쓰일 것을 믿었다. 매번 넘어지고 상처받으면서도 그 믿음을 항상 되뇌었다. 그로 인해 가족과 고객들 그리고 주변 지인들이 행복하게 살아가는 데 도움을 주고, 더 나아가 선한 영향력을 줄 수 있는 사람이 될 거라 믿었다. 지금도 그렇게 굳게 믿고 있다.

이 책은 세일즈의 기술이나 묘책을 알려주고자 쓴 책이 아니다. 그런 건 알지도 못한다. 다만 나의 믿음을 더 굳건히 하고자 쓴 책이다.

비행기를 타면 꼭 듣게 되는 비상시 행동요령이 있다. 산소마스크는 아이보다 먼저 보호자가 착용해야 한다는 것이다. 기내 압력에 문제가 생기면 10초 만에 정신을 잃을 수 있다고 한다. 이성적으로 대처할 수 있는 보호자가 먼저 안전을 도모해야 자신과 아이, 모두를 살릴 수 있는 것이다.

세일즈맨도 마찬가지다. 일단 자신이 먼저 행복해야 한다. 그래야 가족과 고객, 주변 사람들을 행복하게 해줄 수 있다. 힘들어하는 후배들이나 동료들이 이 책을 읽고 위로와 치유를 받았으면 한다. 그리고 지혜를 얻었으면 한다. 궁극적으로는 세일즈맨들이 더 멋지고 풍요롭게 많은 사람에게 존경받으며 살아가길 바란다.


이 책에는, 항상 가지고 다니는 다이어리에 기록한 나의 진짜 경험담을 그대로 담았다. 고객과의 대화 내용, 너무 힘들어 펑펑 울었던 그날의 기억, 자존심에 상처 입고 아파했던 기억, 불안함에 잠 못 이루던 기억, 고객과의 일화로 깨달음을 얻었던 일들도 모두 기록되어 있다.

참 신기하게도 시간이 한참 지난 후에 기록들을 다시 꺼내어 보니 모든 것이 감사하다. 지금까지 잘 지나온 것에 대해 감사하고, 웃으며 넘길 수 있는 여유가 생겨 감사하다. 스마트 기기를 잘 다루지 못해 생긴 습관 덕분에, 이렇게 생생한 경험과 나만의 노하우를 전달할 수 있었다. 이 기록들을 당신과 함께 나눌 기회가 있다는 게 내게는 또 다른 큰 기쁨이자 감사함이다.

이 책을 읽으려 하는 당신에게 마지막으로 한 가지 밝힐 게 있다. 나는 위대한 세일즈맨이라 불리기는 아직 부족하다. 가장 뛰어난 실적을 내고 있는 세일즈맨도 아니고, 인성과 인품을 오롯이 갖춘 세일즈맨도 아니다. 그럼에도 불구하고 2년 가까이 용기 내어 책을 쓴 이유가 있다.

위대한 세일즈맨이 세상에 많이 나오길, 더 나아가 사회의 구성원으로 반드시 필요한 존재가 되길 바라는 마음이다. 이 책을 통해 대한민국에 위대한 세일즈맨들이 한 명이라도 탄생한다면, 나 역시 나 자신을 위대한 세일즈맨으로 부를 수 있을 것 같다.

그럼 이제부터 약 15년간 3,000명을 만나고 1만 번의 경험을 통해 얻은 세일즈의 원칙을 하나씩 공개하고자 한다. 함께 가보자.

2022년 9월, 세일즈맨 주 훈

위대한 세일즈맨에 관하여

## 5장 영업의 비밀 III : 믿음과 태도의 힘

# 3부
# 위대한 세일즈맨으로 성장하라

## 6장 위대한 세일즈맨의 6가지 습관

## 7장 시간이 지나도 변하지 않는 세일즈 노하우

**epilogue**

하버드대학 와이드너 도서관 앞에서

(The Harry Elkins Widener Memorial Library)

# 1부

# 당신은 이미 위대한 세일즈맨이다

# 1장

세일즈 마켓에 잘 오셨습니다

## 01

# 그럼에도 불구하고
# 세일즈를 해야 하는 이유

"선배님, 저는 정해진 월급이 없다는 게 너무 불안해요. 그리고 4대 보험도 가입 안 되어 있다고 아내도 항상 불안해합니다. 그냥 공무원 시험 준비하는 게 나을 것 같아요."

같은 지점에서 나를 잘 따르던 후배가 퇴사를 고려하고 있다며 내게 고민을 털어놓았다. 입사 후 열심히 일하던 후배였는데, 최근 실적도 줄어들고 표정도 안 좋더니 결국 퇴사를 고민하고 있었다.

"선배님은 월급이 정해져 있지 않은 게 불안하지 않으세요? 저는 안정적인 걸 찾고 싶어요."

"나도 안정적인 게 좋지, 그런데 정해진 월급은 네게 안정감을 줄 수 있니?"

"꼭 그렇진 않지만 심리적으로 안정감을 주는 직업을 다시 찾고 싶어요."

"우리 단순하게 한번 계산해 보자. 연봉 5,000만 원이면 세금 제외하고 월 실수령액이 350만 원이야. 이 중에서 한 달 생활비 빼고 최대한 저축하고 모은다면 얼마를 모을 수 있겠니?"

"이것저것 제외하고 많이 모아야 매월 150만 원일 거 같아요."

"150만 원씩 1년을 모으면 1,800만 원이고, 10년을 모아야 1억 8,000만 원이야. 여기에 이자가 붙어서 2억이 됐다고 생각하자. 지금 전세자금 대출이 2억 있다고 했지? 매월 150만 원씩 10년을 모아야 10년 후에 대출 없는 상태가 되는 거야. 이게 네가 바라는 안정적인 삶이니?"

"재정적으로는 부족하겠지만… 마음은 더 편할 것 같아요."

떠나는 후배의 뒷모습이 매우 안타까웠다. 많은 사람이 대부분 정해진 월급과 4대 보험 혜택을 원한다. 그래야 심리적으로나 재정적으로 안정감을 얻을 수 있다고 생각한다. 하지만 내 생각은 달랐다.

2003년 육군 군사경찰(헌병) 장교로 임관을 하고 2009년에 대위로 전역했다. 전역 전 마지막으로 군에서 받은 월급은 270만 원이었다. 취업 예정이었던 저축은행과 건설사에서는 연봉 4,000만 원, 월급으로는 약 290만 원을 받을 수 있었다. 그때 당시 전세자금 대출을 1억 받았었는데 매월 45만 원씩 이자를 내야 했고, 자동차 할부금도 매월 40만 원, 기타 생활비를 포함하면 매월 200만 원이 기본적으로 들어갔다. 남은 금액을 아무리 저축하고 모은다고 하더라도 1년에 1,000만 원이 전부였다.

이대로라면 서울에 집 한 채 갖기 위해서는 40~50년이 걸린다는 계산이 나왔다. 막막했다. 부모님으로부터 물려받을 자산은 없었기에 스스로 재정적 자립을 준비해야 했다. 세일즈만이 정답은 아니겠지만, 내게 비전과 기회를 줄 수 있는 직업은 세일즈가 유일했다. 하지만 직업의 안정성을 얘기하며 세일즈를 만류하는 사람들이 대부분이었다.

친한 친구 녀석은 세일즈 세계를 잘 알고 있다며 조언했다.

"영업하는 사람들은 대부분 빚지고 나와. 결국 대출만 늘어나서 나오더라. 그냥 평범한 회사 다니는 게 최고야. 나중에 후회하지 마!"

아버님은 탐탁지 않아 하며 말씀하셨다.

"안정적인 직업군인을 그만두고 나와서 한다는 게 보험 영업이니? 그게 얼마나 힘들고 어려운 것인지 알고 있는 거야? 다시 한번 생각해봐."

세일즈를 시작한다고 했을 때 그 누구도 "좋은 선택이다.", "비전 있는 직업이야."라고 얘기해준 사람은 없었다. 하지만 일정한 월급이 있고 4대 보험에 가입되어 있다는 것은 누군가가 정해놓은 '틀'에 갇힌 거라 생각했다.

물론 세일즈도 누군가가 정해놓은 '틀' 위에서 경기하는 것과 같다. 하지만 세일즈는 일정한 한계가 없다. '어떻게' 하느냐에 따라 1년에 1,000만 원을 모으는 삶이 아니라 매월 1,000만 원을 저축하는 삶을 살 수 있는 것이다. 그렇게 되면 대출 1억을 1년 안에 갚을 수도 있고, 4~5년 이내에 내 집을 마련할 수도 있다.

가족과 지인들의 많은 만류에도 불구하고 세일즈를 시작한 지 15년 차가 되었다. 가끔 이런 생각을 한다. '만약 그때 세일즈를 선택하지 않았다면 어땠을까? 지금 무얼 하고 있을까?' 항상 답은 똑같았고 앞으로도 변함없이 말할 수 있다.

"경험하지 않은 사람들의 조언과 실패한 사람들의 조언을 멀리한 것은 참 다행한 일이었다. 세일즈를 일찍 시작한 것이야말로 내 인생 최고의 선택이었다."

# 물리적 시간을 기반으로 몸값을 높여라

나는 남들보다 2배 정도 더 일한다. 이런 나를 보고 주위 사람들은 "2배 더 일하면 소득도 2배여야 하는 거 아니야?"라고 말한다.

그러나 그렇지 않았다. 도리어 성과는 4배 이상 내는 경우가 많다. 세일즈는, 시간을 투자하면 성과는 배수가 아니라 제곱으로 늘어난다.

만일 당신에게 하고 싶은 것을 자유롭게 할 수 있는 시간이 주어진다면 무엇을 하겠는가? 온종일 잠을 잘 수도 있고, 읽고 싶었던 책을 읽을 수도 있다. 보고 싶었던 드라마나 영화를 볼 수도 있고, 만나고 싶은 친구를 만날 수도 있다. 한 주간 열심히 일하고 온전히 쉬는 날의 여유를 만끽하는 것은 누구에게나 행복한 일이다. 그러나 이런 시간이 매일 주어진다면 어떨 거 같은가?

요즘은 자율적 근무, 탄력적 근무를 하는 곳이 많아지긴 했지만, 근로기준법에 하루 근무시간을 8시간 이하로 규정하고 있다.

그런 반면에 나는 항상 아침 5시에 알람을 맞춰 놓는다. 출근 준비를 하고 5시 30분에 집을 나선다. 그리고 6시경 사무실에 도착한다. 항상 지점에서 가장 일찍 출근하기에 사무실 출입 경비를 해제하고 들어간다. 그리고 곧장 사무실 근처 헬스장으로 간다. 운동과 샤워를 하고 7시 30분부터 본격적인 업무를 시작한다.

고객과의 미팅을 준비하고 고객이 요청했던 일들을 처리한다. 그리고 비서에게 업무를 지시한 다음 외부 활동을 나간다. 보통 상담을 위해 하루에 3~5명을 만난다. 이동하면서 고객과의 통화가 수시로 이어진다. 식사 시간은 정해져 있지 않기에 항상 짬이 날 때 한다.

일과가 마무리되면 다시 사무실로 복귀하고 활동을 정리한 후 다음 날 미팅 일정을 확인한다. 저녁에도 마찬가지로 퇴근을 가장 늦게 하기 때문에 사무실 출입 경비를 세팅하고 퇴근한다.

퇴근 후 집에 도착하는 시간은 저녁 10시 30분. 계산해 보니 하루에 최소 12시간~최대 16시간 일하는 셈이다. 주말 역시 평일에 시간을 낼 수 없는 고객들을 자주 만난다. 일하는 시간을 계산해 보면 법정근로시간보다 2배 정도 더 일 하는 셈이다.

세일즈맨은 시간을 스스로 통제할 수 있다. 통제할 수 있다는 얘기는 의도적으로 일에 투입되는 시간을 늘릴 수 있다는 의미이다.

군 장교로 전역 후 처음 이 일을 시작했을 때부터 나는 남들보다 많은 시간을 일에 투자했다. 이유는 간단했다. 내가 학벌이 좋은 것도 아니고 인맥이 좋은 것도 아니었기 때문이었다.

남들만큼 높은 성과를 내려면 수많은 경험치를 쌓고, 책을 읽고, 각종 자격증을 취득해야 했다. 경쟁자에 대해 공부하고, 상품에 대해 공부하고, 고객에 대해 공부해야 했다. 그러나 머리가 좋은 편은 아니었기에 절대적으로 많은 시간을 투자해야 했고, 당연한 과정이라 여겼다.

더 많은 시간을 투자할수록 더 많은 사람을 만날 수 있었고, 더 많은 고객의 거절과 냉대를 온몸으로 느낄 수 있었다. 그로 인해 나의 부족한 부분이 무엇인지 알게 됐다. 그때부터 선배를 찾아가고 좋은 강의를 듣고, 독서하며 부족함을 하나씩 메워나가기 시작했다.

시간이 갈수록 더 많은 경험이 쌓여감에 따라 일 처리가 능숙해지고 요령이 생겼다. 이런 과정의 반복을 통해 10시간 동안 해야 할 일을 1시간 안에 할 수 있게 됐다. 10명이 해야 할 일을 혼자서 할 수 있는 힘이 생긴 것이다.

그러자 놀랍게도 일에 시간을 2배 투자했을 뿐인데 성과는 4배가 나기 시작했다.

세계적으로 유명한 축구선수 리오넬 메시는 연봉으로 1억 820만 파운드(한화 약 1,740억 원)를 받았다. 주급으로 약 33억 원, 하루에 10시간으로 시급을 계산하면 4,700만 원이다. 미국 전기자동차 업체 테슬라의 CEO 일론 머스크는 2020년 67억 달러(약 7조 6,700억 원)를 벌었다. 하루에 10시간을 일한다고 가정했을 경우 그의 시간당 급여는 21억 원이다.

리오넬 메시가 4,700만 원의 시급을 받기까지는 과연 얼마의 노력이 필요했을까? 타고난 것도 있었겠지만 상상할 수 없을 정도의 땀과 노력으로 만들어진 결과물일 것이다. 경쟁 선수들보다 절대적으로 많은 시간을 물리적으로 투자하면서 말이다.

세일즈맨의 하루는 직장인의 하루와는 분명 다르다.
세일즈맨은 시간을 스스로 통제할 수 있고, 내 편으로 만들 수 있다.
세일즈맨은 물리적인 시간을 기반으로, 몸값을 높일 수 있다.
배수가 아닌 제곱? 아니, '무한대'로!

## 03
# 가장 빨리 부자 되는 법

세일즈맨들의 목표 중 하나는 롱런(long-run)이다.

고객과의 약속을 지키고 신뢰를 얻기 위해서는 그 분야에서 오래 일하는 것이 중요하다. 하지만 오래 일할 거니까 '나중에 해도 된다'는 생각과 '천천히 성장할 거야'라는 생각은 굉장히 위험한 생각이다.

《가장 빨리 부자 되는 법》에서 저자 알렉스 베커는 이렇게 말했다.

"천천히 부자가 되겠다는 생각을 버리고 단숨에 부자가 돼라"

처음에는 이 책이 자극적이고 현실과는 괴리감이 있다고 생각했다. 하지만 아래의 이유로 천천히 부자가 되는 것이 오히려 더 큰 리스크가 있다는 것을 깨닫게 되었다.

① 20~30년 동안 건강해야 한다.

② 20~30년 동안 회사와 조직이 유지되어야 한다.

③ 20~30년 동안 사기를 당하거나 투자에 실패하면 안 된다.

④ 20~30년 안에 사망하면 안 된다.

그렇다고 이 말이 최대한 단기간 내에 성공하고 성장하라는 의미는 아니다. 시간을 최대한 효율적으로 압축해서 활용하지 않으면, 그만큼 우리 주변에 도사리고 있는 리스크가 많다는 것이다.

세일즈에 입문하기 전에 나는 7년간 장교로 군 생활을 했다. 항상 6시 전에 하루가 시작되었고, 정해진 일과표를 기준으로 생활했다. 자율성이 없다는 게 지루하고 답답했지만, 시간을 어떻게 쓸 것인가에 대해 고민할 필요가 없었다.

하지만 세일즈는 모든 것을 스스로 해야 했다.

간혹 세일즈를 아르바이트처럼 하는 후배들을 종종 보게 된다. 고객 상담이 있으면 출근하고 상담이 없으면 출근을 안 한다. 그런 후배를 만날 때면 나는 이렇게 얘기한다.

"편의점 아르바이트생도 정해진 시간에 출근해서 자리를 지키는데, 여러분이 일이 잘되는 게 오히려 이상하다. 고객은 당신이 언제 출근하고 언제 퇴근 하는지 모르지만, 당신의 눈빛을 보면 알 수 있다. 당신이 목숨을 걸고 일하 는지, 아니면 아르바이트처럼 일하는지를."

아르바이트처럼 일하는 세일즈맨에게 자문을 구할 고객은 단 한 명도 없 다. 우리가 목숨 걸고 일해야 하는 이유이다. 누군가는 이 일을 목숨 걸고 하 고 있는데, 당신이 그 일을 쉽게 생각하고 있다면 당신은 실패해야 마땅하다. 그래야 공평하지 않겠는가?

입사하고 3개월쯤 지났을 때 대학교 동창 모임이 있었다. 마침, 다음 날 스 케줄도 없었다. 편안한 마음으로 술을 한잔했다. 오랜만에 친구들을 만나니 기분도 좋고, 치사량에 가까울 정도로 과음을 했다.

다음 날, 술이 덜 깬 상태로 점심시간 즈음 출근 했다. 속이 불편하고 컨디 션이 좋지 않았다. 고객에게 전화하지도 않았고 약속을 잡지도 않은 채 퇴근 했다. 다음날도 스케줄이 없었기에 멍하니 사무실에 앉아만 있었다. 과음으 로 2~3일 정도 일에 집중하지 못했더니 업무적으로 잃는 게 너무나 많았다.

자유로움이 때론 좋아 보일 수 있지만, 자유를 남용할 때는 분명 탈이 생긴 다. 시간을 유용하게 활용했는지 허비했는지에 대한 결과는 반드시 스스로 책임져야 한다.

나는 그 이후로 평일에는 술을 마시지 않는다. 가끔 피우던 담배도 끊었다. 그리고 스스로 정한 출근 시간을 일정하게 유지했다.

처음 1년은 8시로 정했다. 덕분에 육체적 컨디션도 일정하게 유지되는 느낌을 받았다. 연차가 지날수록 점점 관리할 고객 수가 많아지고 공부할 내용도 많아졌다. 체력관리에 신경 써야 했고, 아침 시간을 더 유용하게 활용해야 했다. 출근 시간을 조금씩 앞당기다 보니 지금은 6시에 출근하고 있다.

입사 2년 차부터는 개인 비서를 고용했다. 시간을 벌기 위해서였다. 고객 미팅 자료를 세팅하고 우편물을 보내는 기본적인 행정업무를 처리하느라 시간을 빼앗기기 일쑤였다. 그 시간이 너무 아깝게 느껴졌던 것이다.

그 외에도 내가 꼭 하지 않아도 되는 일은 대부분 아웃소싱으로 업무를 처리했다. 한정적인 시간을 최대한 효율적으로 활용하기 위한 선택이었다.

"나중에 고객이 많아지면 그때 비서를 채용해도 늦지 않다."

입사 초에 선배들은 내게 이렇게 말했다.
그러나 나는 당신에게 이렇게 말해주고 싶다.

"비서를 빨리 채용해라. 그래야 고객이 많아진다."

나는 앞으로도 건강이 허락하는 한, 30~40년은 더 세일즈를 할 생각이다. 그러나 '천천히', '나중에'라는 생각은 하지 않을 것이다. 모든 시간을 최대한 압축해서 밀도 있게 활용하려 한다.

계속해서 말했듯, 시간에 쫓기지 않고 온전히 시간을 내 편으로 만들 수 있는 방법, 빠른 속도로 재정적 안정 궤도에 진입할 수 있는 방법은 이것만이 유일하다는 것을 알게 됐기 때문이다.


세일즈맨으로서 롱런(long-run)하고 싶은가?

그렇다면 주변에 도사리고 있는 리스크가 많다는 것을

결코 잊지 않길 바란다.

## 04

# 명품을 찾지 말고 내가 명품이 되어라

세일즈맨의 외형적 모습이 중요하다고 생각하는가? 깔끔하게 다림질된 셔츠와 정장, 손질이 잘 되어 있는 구두와 매혹적인 향수, 단정한 헤어스타일까지. 이런 멋진 스타일을 갖춘 세일즈맨을 싫다고 말하는 고객은 없을 것이다. 하지만, 인품과 인성을 갖추지 않은 상태에서 외형만 그럴싸하게 보인다면? 오히려 세일즈맨에게 독이 될 수 있다.

수입차를 구매한 지 1년이 채 되지 않은 후배가 국산 차 브로슈어를 보고 있기에 무슨 일이 있는지 물어보았다. 매월 150만 원 정도의 할부금이 부담되어 다시 차를 바꾸려고 알아보는 중이라고 했다.

간혹 고급 수입차를 타고 다녀야 고객이 무시하지 않는다고 말하는 세일즈맨들이 있다. 상담 시에 수입차 로고가 박힌 차 키를 꺼내놓아야 상담이 잘 된다는 세일즈맨도 있다. 수입차와 상담 결과가 어떤 상관관계가 있는지는 모르겠지만, 성공의 이미지, 부의 이미지를 상징적으로 보여줄 수 있으니 그럴 수도 있다고 생각한다.

하지만 나는 더 중요한 것을 이야기하고자 한다.

세일즈를 시작하고 다양한 분야의 수많은 사람을 만났다. 그냥 만난 것이 아니라 고객들과 인생에 대해 깊은 대화를 하였기에 이야기 속에서 누가 명품 인생을 살고 있는지, 누가 짝퉁 인생을 살고 있는지를 구별할 수 있게 되었다.

명품 인생을 사는 사람은

**남을 비난하거나 험담하지 않는다.**

**보이는 것보다 보이지 않는 것을 더 중시한다.**

**빠른 것보다 바른 것을 원한다.**

짝퉁 인생을 사는 사람은

**남을 욕하고 이간질한다.**

**보이지 않는 것보다 보이는 것을 더 중시한다.**

**바른 것보다 빠른 것을 원한다.**

**남들도 짝퉁으로 보며 인정하지 않는다.**

명품을 찾지 말고 내가 명품이 되어라

'명품에는 불황이 없다'라는 말이 있듯이 코로나 상황에서도 명품 보복 소비는 증가했다. 그만큼 사람들은 명품에 열광한다. 백화점과 면세점 명품관에는 인산인해로 한참 동안 줄을 서서 입장해야 하고, 잘나가는 제품들은 수개월을 기다려야 살 수 있는 순번이 돌아오기도 한다.

경기는 점점 더 어려워진다고 하는데, 왜 명품의 인기는 수그러지지 않는 걸까?

명품이 좋은 이유는 품질의 우수성, 브랜드의 가치, 희소성, 차별성 등 여러 가지 이유가 있겠지만, 고가(高價)의 명품을 소유함으로써 내가 명품과 다름 없다는 것을 보여주기 위함이 가장 크다.

만약 세일즈맨이 명품이라면 어떨까? 고객 입장에서는 동일한 비용과 시간을 지불하는데, 이왕이면 외형적 모습은 물론 인품과 인성을 갖춘 세일즈맨과 거래하고 싶어 할 것이다.

또한 세일즈맨의 실력 차이는 판매하는 상품에 대한 지식의 높고 낮음이 아니라 지식을 전달하는 능력에 있다. 여기서 명품이냐 아니냐가 드러난다. 전달하는 능력은 세일즈맨의 진심에 기반을 두고 있다. 내가 판매하는 상품과 프로그램이 고객에게 얼마나 도움이 되는지, 그리고 고객의 삶에 어떤 긍정적 변화가 있을지를 깊이 생각하면 답을 얻을 수 있다.

눈에 보이지는 않지만 이런 차이에서 고객은 세일즈맨의 진심을 느끼게 된다. 지금 이 상품이 세일즈맨을 위한 것인지 나를 위한 것인지를.

세일즈맨이 명품이 되면 명품 고객을 만날 수 있고, 고객을 명품으로 만들어 줄 수도 있다. 하지만 세일즈맨이 짝퉁이면 계속 짝퉁 고객만 만나게 된다. 명품 인생을 사는 사람은 명품과 짝퉁을 구별할 수 있으나, 짝퉁 인생을 사는 사람은 분별력이 떨어지기 때문에 계속 그 세계에 머물게 되는 것이다.

다시 한번 강조하지만, 외형적으로 보이는 것도 중요한 부분임은 맞다. 그러나, 세일즈에서 인품과 인성 즉, 내면적 조화 없이는 절대 명품이 될 수 없다는 것을 결코 잊어선 안 된다.

매사에 겸손하게 행동하고 남을 비난하거나 험담하지 않는 사람.
보이지 않는 것을 더 중요하게 여기며, 바른 것을 추구하는 사람.
먼저 이런 '사람'이 돼라. 그리고 외형을 가꿔라.
그래야만 명품 세일즈맨의 충족 요건을 갖추었다고 할 수 있다.

당신이 명품이 되면, 고객은 당신을 항상 곁에 두고 싶어 할 것이다.

명품을 찾지 말고 내가 명품이 되어라

## 05

# 인맥의 한계를 넘어서다

"주훈 씨! 제 남편 될 사람이 보험이 전혀 없어서 걱정이에요. 그런데 너무 바빠서 새벽에 들어오고 새벽에 또다시 나가요…"

"남편 되실 분이 무슨 일을 하세요?"

"특수부 검사인데, 요즘 맡은 사건이 정치적으로 이슈가 되다 보니 너무 바쁜 거 같아요. 혹시 주말에 잠깐 시간이 된다는데 만나서 상담해 주실 수 있을까요?"

기존 고객의 소개로 특수부 검사를 고객으로 관리하게 되었다.

"훈이 형! 제 친구 중에 음악 하는 친구가 있는데, ○○○이라고 아시죠? 이 친구가 부른 노래가 요즘 대박 나서 수입이 좀 괜찮은데, 형님이 좀 만나서 상담해 주셨으면 합니다."

그렇게 인기가수도 나의 고객이 되었다.


"주훈 님! 저희 아빠가 요즘 은퇴 준비에 대해 고민이 많으신데, 매번 보내주시는 소식지를 보시더니 주훈 님을 한번 뵙고 싶어 하세요. 바쁘시겠지만 저희 아빠 한번 만나 주실 수 있으세요?"

"혹시 아버님이 무슨 일 하세요?"

"을지로에 위치한 중견기업에 다니시는데 다음 주에 시간 된다고 하시니 찾아가시면 될 거 같아요."


고객의 아버님은 중견기업의 직원이 아니라 기업 대표이사였고 본인의 은퇴자산 일부를 내게 맡겼다.


세일즈를 하다 보면 기존 고객의 소개를 통해 기업을 운영하는 CEO, 고위직 공무원, 연예인, 운동선수, 전업투자자, 의사, 변호사, 경찰 등 다양한 직업에 종사하는 사람들을 만나게 된다.

상담을 진행하며 느꼈던 건, 고객이 가진 직업이 무엇인지에 따라 세일즈맨을 대하는 태도가 달랐고, 권하는 프로그램을 받아들이는 깊이도 달랐다. 매번 이런 직업적 특성을 고려해 상담을 진행하는 건 신입 세일즈맨에겐 만만치 않은 일이었다.

인맥의 한계를 넘어서다

그런데, 언젠가부터 다양한 분야의 고객들을 만나는 것이 감사함으로 다가왔다. 내가 만약 군 생활을 계속하고 있었다면 내 주변의 인맥은 대부분 군인이었을 것이다. 평범한 기업에서 샐러리맨 생활을 하고 있었다면 내 주변의 인맥은 대부분 샐러리맨이었을 것이다.

그런데 세일즈맨인 지금의 내겐 인맥의 한계가 없다. 타 직업에 대한 이해도가 높아 생각의 한계 또한 없다.

전에는 대부분의 자산가들은 부모로부터 재산을 물려받아 자산가가 되었을 것이라 생각했다. 연예인들은 모두 멋진 삶을 살 거라 생각했다. 의사들은 모두 똑똑하고 돈도 많이 벌고 성공적인 삶을 사는 사람들이라 생각했다.

그랬던 생각이 지금은 달라졌다. 부모로부터 재산을 물려받아 자산가가 된 사람도 있지만, 대부분의 자산가는 본인의 노력과 땀으로 이룬 결과였다. 겉으로는 화려해 보이지만 아르바이트를 하며 근근이 생활하는 연예인도 많이 있다. 병원 운영에 실패해서 다시 봉직의로 근무하는 의사도 보았고, 사기를 당해 힘들어하는 대표도 여럿 보았다.

15년간 약 3,000명의 사람을 만났다. 그리고 그들과 1만 번이 넘는 상담을 했다. 이 과정을 통해 나는 무엇을 얻고 무엇을 배웠을까?

그들과 대화하면서 다양한 직업과 분야에 대해 조금 더 깊이 이해할 수 있었고, 간접경험을 통해 삶의 지혜와 통찰력을 키울 수 있었다.

이러한 경험치는 엄청난 가치와 에너지를 갖고 있다.

이것은 세일즈맨이기에 누릴 수 있는 특권이다.


"주훈 님. 혹시 ○○○분야에 아는 분 계세요?"


살다 보면 종종 지식과 정보, 인맥의 부재로 난감한 상황에 처하거나, 뜻대로 일이 진행되지 않아 난처해하는 고객의 연락을 받곤 한다.

이럴 때 도움을 줄 수 있다면 그들에게 분명 큰 힘이 될 것이다. 고객에게 그런 역할을 해줄 수 있는 사람이 되는 것은, 언젠가 완성될 나의 성곽에 벽돌을 차곡차곡 쌓아 올리는 것과 같다.


세일즈맨의 인맥은 샐러리맨들이 만날 수 있는 인맥의 한계를 뛰어넘는다. 이것은 정말 중요한 것임을 인지해야 한다. 인맥의 차이는 생각과 경험의 차이를 만들어내고, 생각과 경험의 차이는 삶의 질을 결정짓는다. 세일즈맨의 삶의 질이 높아지면 다양한 직업군의 고객을 넓고 깊이 아우를 수 있고, 더 나은 서비스를 섬세하게 제공할 수 있다.


다양한 경험에서 나오는 작은 부분에 대한 '섬세함'이 '특별함'을 만든다. 이런 서비스를 한번 경험해본 고객은 결코 평범한 서비스에 만족할 수 없다.

고객이 '특별한' 세일즈맨을 찾게 되는 것은 당연한 일이다.

# 세일즈를 해야 자산가가 될 수 있다

학창 시절 나의 꿈은 '부자가 되는 것'이었다. 가정 형편이 변변치 않았고, 항상 돈에 대한 갈증이 있었기에 누군가가 인생의 목표를 물어보면 '돈을 많이 버는 것', '부자가 되는 것'이라 답했었다.

입으로는 항상 그렇게 얘기했지만, 대학을 진학하고 사회생활을 하면서 현실적으로 부자가 되는 것은 어려운 일임을 체감하게 되었다.

대학교 재학 중, 주말에 예식장 뷔페 서빙 아르바이트를 한 적이 있었다. 2022년 최저 시급은 9,160원이지만, 90년대 후반 2000년대 초반에는 1,500원~2,000원의 시급을 받았었다. 6시간 일 해야 1만 원 정도의 일당을 받을 수 있었는데, 그 당시 뷔페 서빙 아르바이트는 일당 3만 원이었다. 엄청난 고액의 아르바이트였기에 경쟁률도 심했고 소위 말하는 '백'이 있어야 들어갈 수 있는 곳이었다.

주로 뷔페 손님들이 사용하는 접시를 치우고 다시 채워놓는 역할을 했다. 그러던 어느 날 엄청난 사고를 치고 말았다. 수십 개의 접시를 포개어서 주방으로 이동하던 중, 앞에 있는 어린아이를 미처 보지 못하고 부딪히게 된 것이다. 아이에게 충격을 주지 않기 위해 몸을 트는 순간 손 위에 있는 수십 개의 접시가 바닥으로 떨어졌고, 엄청난 굉음을 내며 산산이 조각나버렸다. 순간 앞이 노래졌다.

정신없이 깨진 유리 접시를 치우고 담당 매니저에게 불려갔다. "눈을 어디다 두고 다니는 거야? 아이가 다치기라도 했으면 네가 책임질 거야?" 매니저에게 한참을 혼이 난 후, 3만 원의 일당 중에서 50%를 차감 당하고 15,000원을 손에 쥐게 되었다. 그리고 다음 주부터 나오지 말라는 통보까지 받았다.

집으로 가는 버스에서 하염없이 눈물이 났다. 공부해야 하는 대학생인데, 용돈을 벌기 위해 일을 해야 하는 현실이 초라하기도 하고 원망과 서러움 등 만감이 교차하여 눈물을 멈출 수 없었다.

그 뒤로 자존감은 더욱 낮아졌고, 경제적인 갈증도 더 깊어져서 부자가 되고 싶은 의욕까지 상실하게 되었다. 부자가 될 수 없을 것이라는 생각은 점점 굳어져갔고, 평범하게라도 사는 게 목표가 되었다. 사실, 평범하게 사는 것도 힘들 것이라는 불안감이 컸다. 처음 세일즈에 입문했을 때도 평범하게 살 수 있을 정도의 재정적 안정을 갖기만 해도 다행이라 생각했다.

그랬던 내가 세일즈를 하는 동안 많은 사람을 만나는 과정에서 소위 말하는 '부자', '자산가'들을 만나게 됐다. 그들과 자연스럽게 만나고 대화하는 과정을 통해 그들의 삶을 간접 경험할 수 있었다.

그리고 그들만이 가진 비밀을 알게 되었다.

정부에서는 '고액 자산가'의 기준을 아래와 같이 정하고 있다.

> • 재산세 과세표준 합산액 9억 원 초과
>
>   공시가 약 15억, 시세 약 20~22억 수준의 부동산 보유
>
> • 금융소득 연 2천만 원 이상
>
>   정기예금 기준으로 약 12~13억 예치

정기예금 기준으로 12~13억을 예치하여 연 2천만 원 이상의 금융소득이 있는 사람은 그보다 더 많은 자산을 부동산으로 보유하고 있다. 최소 40~50억 이상의 부동산과 현금을 보유한 사람이라고 생각하면 된다.

나는 궁금했다. 이들은 어떻게 자산을 형성했으며, 앞으로 어떻게 자산을 지키고 늘릴 계획인지.

자산가들을 만나면 내가 준비한 얘기보다는 그들의 자산 형성 과정에 대해 더 많은 질문을 하곤 했다. 질문을 통해 알게 된 내용은 내 삶에 긍정적 요소

가 되어주었고, 생각과 행동을 점차 변화시켜 주었다.

내가 경험한 자산가들의 공통적 특징을 세 가지로 압축해보면 이렇다.

### ① 재테크보다는 직업으로 성공했다

직업적 안정성이 뒷받침되어 있지 않으면 재테크의 근간이 흔들린다. 일과 시간에도 주식 차트를 수시로 확인하게 된다. 오늘도 당신의 계좌에는 파란색 (마이너스 신호)으로 꽉 차 있다. 속으로는 이런 고민이 계속 된다. '다음 달에 전세자금을 올려줘야 하는데, 큰일이다.' 이런 상황에서 본업이 잘 될 리가 있을까?

주식계좌는 당신의 의지와 상관없이 하루에도 수십 번 변동한다. 하지만 당신의 몸값은 결코 쉽게 떨어지지 않는다. 불확실성이 공존하는 자산시장에서 가장 확실한 재테크는 연봉 또는 몸값을 높이는 것이다.

### ② 낙관적 생각과 태도를 갖고 있다

비관론자들은 시장에 참가하지 않는다. 주식과 부동산이 폭락할 것으로 생각하는데, 뛰어드는 바보가 어디 있겠는가. 비관론자들의 예상이 맞았다고 치자. 그렇다고 한들 그들이 무엇을 얻었는가? 게다가 시장은 비관론자들의 예상처럼 흘러가지 않는다.

자산가들은 앞으로도 경제가 꾸준히 성장할 것을 믿는다. 또한 경제 위기가 오더라도 극복할 수 있을 것이라는 낙관적 생각과 태도를 유지한다.

### ③ 버틸 수 있는 뚝심이 있다

"내가 팔면 오르고, 내가 사면 떨어지더라."

초보 투자자들이 흔히 하는 말이다. 버티지 못하고 팔고, 기다리지 못하고 사는 것이다.

신(神)이 아닌 이상 주식이든 부동산이든 항상 낮은 가격에 매수하고 높은 가격에 매도할 수는 없다. 다만 반드시 기회가 올 것이라는 생각으로 버티는 힘을 키우고, 버틸 수 있는 안전장치를 그들은 갖고 있다.

즉, 버틸 수 있는 뚝심이 그들을 자산가로 만들어 준 것이다.

세일즈는 직업적 안정성이 보장된 일이 아니다. 다들 힘들어하는 이유다.

하지만 세일즈는 어떠한 직업보다 고액 연봉을 받을 수 있는 확률이 높다. 따라서 자산가가 될 수 있는 가능성도 높다. 특히 다양한 분야의 사람들을 만나기 때문에 정확하고 실질적인 정보를 얻기도 한다.

앞에서 말했듯이 나는 부자가 되고 싶었으나 현실의 벽을 체감하면서 인생의 목표가 '평범하게 사는 것'으로 바뀌었었다. 하지만 지금은 자산가 대열에 포함되어 살아가고 있다. 샐러리맨으로 있었다면 꿈도 꿀 수 없었을 풍요와 여유로움을 얻었다.

앞으로 세일즈맨에게는 샐러리맨의 시각으로는 보기 어려운 더 큰 기회가 펼쳐질 것이다. 외국에는 이미 많은 세일즈맨이 자산가로 성장한 사례를 심심치 않게 찾아볼 수 있다. 분명 우리나라에서도 자산가로 성장한 세일즈맨들이 많이 배출될 것이다.

그중 한 명은 내가 될 테니,

이 책을 읽고 있는 당신도 그중 한 명이 되길 바란다.

# 2장

---

## 고객은 누구를 전문가로 인식하는가

# 01

# 상대방이 듣고 싶은 말은 따로 있다

세일즈에서 성과를 내려면 말을 잘할 필요가 있다. 논리적으로 명확하게 말을 잘하는 것은 매우 중요한 요소임이 틀림없다. 하지만 더 중요한 것은 질문하는 능력이다. 적절한 질문을 잘해야 세일즈에 도움이 될 수 있는 내용을 경청할 수 있기 때문이다.

무언가를 구매하는 목적은 부족함, 불편함 또는 문제점을 해결하기 위함에 있다. 고객이 냉장고를 구매하는 이유는? 냉장고가 없거나 비좁거나 고장 났기 때문이다. 자동차를 구매하는 것도 자동차가 없거나 오래되었거나 아니면 가족 수의 변화가 있어서이다. 심심해서 하나 더 구입하는 사람은 없다.

"고객님, 이 냉장고가 이번에 새롭게 출시된 최신형 냉장고입니다."

"고객님, 이번에 풀 체인지 된 모델이 바로 이 차입니다."

아주 작은 차이이지만, 이렇게 질문하는 세일즈맨은 처음부터 고객을 판매 대상으로 보고 있다는 느낌을 준다. 고객의 불편함과 문제점을 해결하려는 세일즈맨은 첫 질문부터 다르다.

"고객님, 기존에 쓰시던 냉장고가 있으실 텐데 불편하거나 문제점이 있으셨나요?"
"네, 냉장고가 너무 비좁아서 하나 더 알아보려고요."
"고객님처럼 추가로 냉장고를 알아보시는 분들에게는 이 모델이 가격과 성능 면에서 아주 좋으실 겁니다."

"고객님, 혹시 기존에 타시던 차에 불편함이나 문제점이 있으셨나요?"
"곧 아이가 출산 예정이라서 차를 좀 바꾸려고요."
"그럼 세단보다는 SUV가 조금 더 편하실 겁니다. 그리고 이 모델이 뒷좌석의 안정성을 더 고려한 차라서 마음에 드실 겁니다."

이처럼 고객의 불편함과 문제점에 집중해서 질문하게 되면 고객들의 답변도 달라질 수밖에 없다.

전 세계 억만장자 중 30%, 미국 포춘지 선정 100대 기업 중 40% 소유, 노벨 경제학상 수상자의 40%를 차지하는 민족이 있다. 바로 유대인이다.

유대인은 전 세계의 0.2%밖에 되지 않는 소수 민족이다. 그런 소수 민족이 어떻게 부자가 될 수 있었을까? 또 어떻게 부를 유지하고 있는 걸까?

유대인들을 연구한 논문과 책이 수없이 많다. 그중 세일즈맨들이 배워야 할 것은 유대인들의 학습 방법 중 하나인 '하브루타(Havruta)'이다.

'하브루타'는 유대교 경전인 탈무드를 공부할 때 사용하는 방법이다. 나이, 계급, 성별과 관계없이 두 명이 짝을 지어 서로 논쟁을 통해 진리를 찾는다.

이에 대해 탈무드 교육전문가인 헤츠키 아리엘리 글로벌엑셀런스 회장은 말했다.

**"토론의 승패는 중요하지 않다.**
**논쟁하고 경청하는 것이 중요한 과정이다."**

그들은 하나의 주제에 대해 서로 부담 없이 질문하고 함께 토론한다. 이 답을 찾는 과정에서 지식을 완벽하게 체득하게 되는 것이다. 또한, 다양한 시각과 견해를 알게 되고 찬성과 반대 의견을 동시에 경험하며 새로운 아이디어를 끌어낸다.

대부분의 세일즈맨은 판매할 제품에 대한 지식과 정보를 고객에게 쏟아부

상대방이 듣고 싶은 말은 따로 있다

으려 준비하고 있다. 그러다 고객을 만나면 제품의 우수성과 필요성에 대해 일장 연설을 한다.

그럴 때 잠깐 멈추고 '하브루타' 방식을 대입해 보자.


**왜 고객은 우리 매장에 왔을까?**

**고객이 원하는 것은 무엇일까?**

**어떻게 응대하면 고객이 편안함을 느낄까?**

**어떤 질문을 해야 고객이 답변할까?**


이런 질문을 계속해서 스스로 던져보고 답변해보자. 정답은 없겠지만 분명 새로운 아이디어와 핵심을 파악할 수 있다.


고객은 삶의 불편함과 문제점을 해결하기 위해 무언가를 구매한다. 그리고 세일즈맨이 구매의 과정을 도와주길 원한다. 하지만 이런 표현을 직접적으로 하지 않는다. 세일즈맨의 일방적인 판매 대상이 되는 것을 원하지 않기 때문이다. 그리고 그 제품이 필요하더라도 다른 세일즈맨에게 살 수 있는 기회가 있기 때문에 당장 구매를 결정하지 않을 수 있다.


> "상대를 설득할 수 있는 최선의 방법은
> 그의 주장에 귀 기울이는 것이다."
> ─**딘 러스트**

중요한 것은 '일방적인 전달'이 아니다. 상호 간의 '대화'를 할 수 있어야 한다. 상대의 이야기를 끌어내기 위한 질문을 할 수 있어야 하는 것이다.

고객의 불편함과 문제점을 해결해주고 싶은, 세일즈맨의 선한 마음을 담아 다시 질문해 보자. 적절한 질문이 고객에게 전달되면 세일즈에 필요한 내용을 고객으로부터 자연스럽게 끌어낼 수 있다. 그런 뒤에는 고객의 얘기에 귀 기울여 경청하면 된다.

모든 답은 거기에 있다.

## 02

# 가장 쉬운 것이 가장 어려운 것이다

여성 쇼핑몰을 운영하는 고객에게 연락이 왔다. 동업자와 채무 문제가 생겼는데 소송을 위해 변호사를 소개해 달라는 것이었다. 곧바로 대형 로펌에 근무하고 있고 경력이 오래된 A변호사를 소개해 주었다.

며칠 후 A 변호사를 만나고 온 고객에게 다시 연락이 왔다.

"변호사님이 친절하시긴 한데 내용을 너무 어렵게 얘기해주셔서 이해를 못한 부분이 많아요. 혹시 다른 변호사님이 계시면 한 번 더 소개해 주실 수 있으세요?"

어려운 법률용어가 많이 있었는데, 무식해 보일까 봐 창피해서 물어보지 못했다는 것이다.

다음에 소개한 B 변호사에게 고객의 상황을 미리 얘기했다. 그후 상담을 받고 나온 고객은 굉장히 만족해하면서 연락을 주었다.

"완전 이해가 쏙쏙 됐어요. 이제 어떻게 진행하면 될지 감이 잡혔어요."

경력으로 보면 처음에 소개해 준 변호사와 소송을 진행해야 했지만, 고객이 봤을 때는 본인을 이해시킨 B 변호사가 더 믿을 만하고 전문적으로 보였던 거다. 나중에 얘기를 들어보니 B 변호사는 자신의 딸에게 얘기하는 것처럼 최대한 쉽고 간단하면서 재미있게 과정을 풀어서 얘기해 주었다고 한다.

종종 고객들의 자녀를 만나게 된다. 자녀들을 위해 금융상품에 가입하는 경우, 자녀들이 직접 서명을 해야 하는 절차가 있기 때문이다. 그들은 대부분 상품에 관심이 없기 때문에 "엄마가 너를 위해 준비해주는 상품이야"라고 말하면서 서명을 받아도 된다. 하지만 최대한 자녀들이 이해할 수 있게 그들의 언어로 쉽게 설명해 주는 게 중요하다.

"민서야, 요즘 가장 아끼는 게 뭐야?"
"음… 지난주에 산 '아이폰'이요!"
"우와. 좋겠다! 케이스도 참 예쁘다."
"네, 케이스는 친구들이 돈 모아서 사줬어요."

가장 쉬운 것이 가장 어려운 것이다

"혹시 이 케이스가 어떨 때 진가를 발휘하는지 알고 있니?"

"글쎄요… 바닥에 떨어뜨릴 때인가요?"

"맞아, 바로 그때 진가를 발휘하게 되는 거야. 예쁘고 활용성이 좋더라도 진짜 위기가 왔을 때 민서가 가장 아끼는 것을 지켜주는 역할을 하는 게 중요하지. 그런 것처럼 엄마 아빠에게는 가장 소중하고 지켜주고 싶은 대상이 바로 민서야. 그래서 혹시라도 민서에게 무슨 일이 생기거나 힘든 일이 있을 때 지켜주고 싶은 마음을 이 상품으로 준비하는 거야."

이렇게 얘기를 시작하면 전혀 관심 없던 자녀들도 궁금해하며 집중해서 듣게 된다. 자녀들이 상품을 이해하고 가치를 느끼면 만족도가 높아지고, 그 만족도는 자연스레 부모에게까지 전달된다.

《당신만 모르는 인생을 바꾸는 대화법》의 저자 스쿤은 말 잘하는 사람의 여덟 가지 공통점을 언어 'Language' 앞 글자를 따서 정리했다.

| Logic 말의 논리 | Unexpected 예측 불가 |
|---|---|
| Analogy 비유 | Ask 질문 |
| Narrate a picture 장면 묘사 | Gain 이득 |
| Good story 좋은 사례 | Empathy 공감 |

말을 잘하는 사람은, 말의 '논리'가 있고, 적절한 '비유'와 '장면묘사'를 통해 생생하게 설명한다. 스토리에 '좋은 사례'를 담을 줄 알고, 지루하지 않게 '예측 불가'한 얘기로 상대방을 집중하게 한다. 또한, 상대방의 적절한 반응을 유도하는 효과적인 '질문'을 할 줄 알며, 무엇이 '이득'이 되는지를 명확히 말하고, 마지막으로 서로의 마음이 통할 수 있는 '공감' 능력까지 갖추고 있다.

위의 능력을 모두 갖춘 세일즈맨이 된다면 더 없이 좋겠지만, 생각처럼 쉬운 일은 아니다. 세일즈의 본질은 유형의 상품이나 무형의 상품을 상대방에게 전달하고 그에 상응하는 대가를 받는 일이다. 유형의 상품은 세일즈맨의 영업력보다는 제품의 기술력과 디자인, 또는 가격이 성패를 좌우할 수 있다. 하지만 무형의 상품은 눈에 보이지 않기에 고객에게 확신을 주어야 구매가 이루어진다.

그렇다면 확신을 주기 위해서는 어떻게 해야 하는가?
말 잘하는 사람의 'Language'까지는 아니더라도, B 변호사가 자신의 딸에게 설명한 것처럼, 민서에게 핸드폰 케이스를 통해 비유한 것처럼, 최대한 쉽고 간단하고 재미있게 말할 수 있는 능력을 갖추어야 한다.

간혹 외래어 또는 전문적인 용어를 사용해야 멋져 보인다는 인식을 가진 사람을 볼 때가 있다. 하지만 그 자리가 고객에게 자신의 지식을 뽐내기 위한 자리가 아님을 기억해야 한다.

궁극적으로는, 자신을 설득하고 이해시킨 세일즈맨에게 상품을 구매하게 된다는 것을 잊지 말자.

가장 쉬운 것이, 가장 어려운 것이다.

# 특징을 얘기하지 말고, 장점을 얘기해라

"후면에는 트리플 카메라가 배치되어 있고 1,200만 화소에 OIS를 지원하고 F 1.8 조리개를 가진 광각 카메라, 6,400만 화소에 OIS를 지원하고 F 2.0 조리개를 가진 망원 카메라, 1,200만 화소에 F 2.2 조리개를 가진 초광각 카메라를 탑재했습니다."

최신형 스마트폰을 판매하는 세일즈맨의 설명이다.

"풀 체인지 모델로써 I6 싱글 터보에 디젤이며 자동 9단 미션기가 설치되어 있습니다. 라이트는 디지털로 변경되어 100만 픽셀로 이루어지면서 프로젝션모듈과 고성능 멀티 빔이 장착되어 있습니다."

최고급 수입 차량을 판매하는 세일즈맨의 설명이다.

나는 이 두 사람의 설명이 무슨 말인지 하나도 알아듣지 못했다. 무언가 좋아졌으니 이렇게 열심히 설명한 것이겠지만, 내가 스마트폰을 구매하고 차를 구매하게 하는 결정 요소는 되지 못했다.

내가 근무하는 사무실 주변에는 다양한 자동차 브랜드 전시장이 있다. 마침 관심 있는 차량이 전시되어 있어서 한 매장에 들어갔다. 그리고 딜러에게 궁금한 것을 몇 가지 질문했다. 차에 대해 깊이 알고 있는 것이 없기에 어려운 질문을 할 수도 없었다. 그런데도 그 딜러는 질문에 진땀을 흘리며, 브로슈어를 보고 읽어주는 수준밖에 답을 하지 못했다.

'내가 지금 이 차를 세일즈 하더라도 이 딜러보다 더 잘 설명할 수 있겠다'라는 생각이 들었다. 명함을 주면서 본인이 15년 차 경력을 갖고 있다는 말을 듣고는 한 번 더 놀라지 않을 수 없었다. 내가 나중에 그 차를 구매하더라도 그 딜러에게 연락하는 일은 없을 것이다.

내가 자동차 매장에서 경험한 것처럼, 많은 세일즈맨이 특징을 장점인 양설명한다. 그러나 특징과 장점은 엄연히 다르다. 특징은 사실(Fact)에 기반을 둔다. 제품의 용량이 어느 정도 되는지, 길이와 넓이가 어떻게 되는지 등 사실에 기반을 둔다. 특징은 상품설명서에도 다 나와 있는 내용이다. 단지 상품설명서를 읽어주기만 하는 세일즈맨이라면, 곧 인공지능(AI) 로봇에게 일자리를 내어주어야 할 것이다.

　특징을 장점으로 인식시키려면 고객의 관점에서 특징을 재해석하는 능력과 고객의 눈높이로 설명해 주는 능력이 필요하다.

　"고객님, 이 휴대폰에는 고성능 카메라가 탑재되어 있습니다. 아이의 인물 사진을 찍어보시면 해맑은 눈망울까지 아주 선명하게 담으실 수 있습니다. 그리고 다른 기기와 호환성이 좋아서 어떤 환경에서도 추억을 오랜 시간 간직할 수 있습니다."

　"고객님, 이 차량에는 고성능 멀티 빔이 설치되어 있습니다. 전방에 조명이 없거나 차량의 불빛이 없으면 자동으로 상향등이 작동해 시야를 넓힘으로 야간 주행 시 안전사고를 예방해 줍니다."

　여기서 주의할 점은 용어의 선택이다. 전문용어를 사용하면 고객을 이해시키기 어렵다. 아무리 뛰어난 기술이 탑재되어 있더라도 고객이 이해하지 못한다면 무슨 소용이겠는가. 특징을 쉽게 이해할 수 있게 설명해야 장점이 된다. 아래와 같이 약간 각색해서 얘기해도 좋다.

　"고객님! 사진작가들이 주로 사용하는 카메라 아시죠? 그런 카메라를

'DSLR'이라고 하는데요, 쉽게 말씀드려 최고급 'DSLR' 카메라가 이 스마트폰에 탑재되어 있다고 생각하시면 됩니다!"

"고객님! 야간 운전하실 때 시야 확보에 어려움을 겪는 분이 많으신데요. 도로의 컨디션에 따라 상향등을 켜주고 꺼주고를 반복해 주는 보조자가 있다면, 훨씬 안전하고 편하게 운전하시겠죠? 어떤 환경에서도 고객님과 가족들의 안전을 지키실 수 있습니다. 고성능 멀티 빔이 그런 역할을 해줍니다!"

특징을 읽지 말고, 장점을 설명해라.

설명서에 다 나와 있는 내용을 나열하여 읽는 것이 아니라, 고객의 관점에서 보고 고객이 얻게 되는 장점을 명확하고 이해하기 쉽게 설명할 수 있어야 한다.

만일 쉽게 설명하는 것이 어렵게 느껴진다면, 아직 상품을 충분히 이해한 상태라고 볼 수 없다. 매일 상품에 대해 더 공부해라. 고객은 있어 보이는 말보다 눈높이에 맞게 설명해주는 세일즈맨을 전문가로 인식한다.

# 04

## 고객의 '니즈'(Needs)를 확장시켜라

동대문에서 의류 사업을 하는 고객에게 연락이 왔다.


"주훈 씨, 내가 이제 50대가 넘어가니 슬슬 건강에 대한 자신감이 없어지네. 부담 없는 선에서 건강보험을 조금 더 준비해야 할 거 같아요."


결론부터 말하면 나는 이 고객에게 약 10억 원의 생명보험을 계약했다. 과연 어떻게 이런 결과가 나올 수 있었을까?


서츠와 넥타이를 구매하기 위해 백화점에 갔었다. 평상시 선호하는 브랜드를 둘러보는데, 매장 직원이 반갑게 인사 하며 다가왔다.


"안녕하세요. 고객님! 뭐 좀 도와드릴까요?"

"아니요, 그냥 구경 좀 하겠습니다."

친절하고 상냥한 목소리였지만 왠지 제품을 구입하지 않으면 미안하고 부담스럽기에 혼자 보겠다고 말했다.

"부담 갖지 않으셔도 돼요. 그런데 고객님은 그 색상보다 이게 더 잘 어울리실 거예요. 이거 한번 해보세요."

색상을 고민하고 있던 내게 매장 직원은 확신에 찬 목소리로 넥타이를 골라주었다. 내가 처음 선택했던 색상보다 훨씬 세련되어 보였다. 내친김에 셔츠도 추천해달라고 요청했다.

셔츠와 넥타이를 계산하려는데, 매장 직원이 한마디 건넸다.

"고객님! 평상시에 정장을 많이 입으시는 거 같은데, 너무 좋은 상품이 내일까지 30% 세일 중이에요. 안 사셔도 되니까 한 번 보기만 하세요. 제 동생도 이거 두벌 사다 줬습니다."

결국, 셔츠와 넥타이를 구입하러 갔다가 정장까지 그 매장에서 구매했다. 이처럼 계획했던 것 이상으로 추가하여 구매하거나 상위 서비스를 이용한 경

2장 고객은 누구를 전문가로 인식하는가

험이 있을 것이다.

직원의 도움을 부담스럽게 느꼈던 나에게 그 매장 직원은 어떻게 정장까지 판매할 수 있었을까?

고객의 니즈에 부응해야 하는 것은 기본이다. 하지만 여기서 더 나아가 고객의 니즈를 확장시키는 것이 우리에게는 반드시 필요하다. 고객의 니즈를 확장시키는 이유는 단순히 세일즈의 결과를 높이는 목적만은 아니다. 더 중요한 목적은 본인의 니즈를 확장시켜준 상대방을 전문가로 인식하고 다시 찾게 된다는 점에 있다.

당신이 분식집 사장이라고 가정해 보자. 손님이 "떡볶이 1인분 주세요"라고 주문하면 어떻게 할 것인가? 당연히 손님이 주문한 대로 음식을 주고 마무리될 것이다.

그런데 내가 갔던 분식집은 달랐다.

"네, 알겠습니다. 그런데 오늘 튀김이 정말 맛있게 됐어요. 튀김도 한번 시켜보세요. 맛없으면 튀김 값은 안 받겠습니다."

손님 10명 중 8~9명은 튀김을 추가로 시키지 않을 수 있다. 그렇다고 해서 분식집 사장님이 손해 보는 것은 없다. 하지만 내가 그랬던 것처럼 1~2명이 튀김을 추가로 시킨다면 분식집의 매출은 10~20% 증가 될 것이다.

세일즈맨도 다르지 않다. 고객의 니즈를 확장시키는 방법을 항상 고민해야 한다. 그러기 위해서는 이 두 가지를 꼭 기억하자.

### ① 자신감과 자부심을 갖고 제안하라

넥타이 색상을 자신 있게 권했고 좋은 정장을 권해주고 싶어 했던 매장 직원처럼, 튀김이 정말 맛있게 됐으니 시켜보라며 맛없으면 돈을 받지 않겠다는 분식집의 사장님처럼, 자신감과 자부심이 있어야 한다.

고객이 부담을 느끼고 거절하면 어떡하냐고? 강요와 부탁은 부담을 주겠지만 정보전달 및 기회 제공은 부담이 아니다.

또한, 상대방이 거절하더라도 나에게 손해가 발생하진 않는다. 고객이 경험하지 못하고 생각하지 못한 것을 알려줌으로써 고객의 인생에 도움이 될 수 있다는 자신감과 자부심으로 제안해라.

### ② 세일즈맨 입장이 아닌 고객의 입장에서 니즈를 확장시켜라

"오늘이 영업 마감일인데, 이거 하나만 가입해 줄 수 있을까?"

이런 식의 멘트는 순전히 세일즈맨 입장에서 얘기하는 최악의 방식이다. 분식집 사장님이 "오늘 만든 튀김이 조금 많이 남았는데, 이것도 주문하시면 안 될까요?"라는 얘기와 무엇이 다르겠는가. 이런 세일즈 방식은 당장 급한 불을 끌 수는 있겠지만, 세일즈맨의 자존감이 낮아지기에 절대 오래가지 못한다.

앞서 이야기했던 동대문에서 의류 사업을 하는 고객에게 내가 10억 원의 생명 보험을 계약할 수 있었던 것도, 고객의 입장에서 니즈를 확장시켰기에 가능했던 일이다.

"보험을 준비해야겠다고 생각하시는 진짜 이유가 있으신가요?"
"나는 일찍 죽어도 상관없는데, 하나뿐인 딸이 나 때문에 고생하면 안 되니까 보험이라도 준비하는 거지 뭐…"

이런 상황의 경우 표면적으로 드러난 고객의 니즈에 적합하게 상품을 설계해주면 된다. 이렇게 하면 어려움 없이 작은 결과를 얻고 마무리되는 것이다. 그러나 제차 강조했듯, 위대한 세일즈맨은 여기서 더 나아가 고객의 니즈를 확장시킬 수 있어야 한다.

"사장님이 아프시면 이 정도의 보험금은 그냥 사장님을 돌보는 데 쓰이고 없어집니다. 진짜 따님을 위하신다면 제가 권해드리는 프로그램이 있으니 한번 보시죠."

그날 결국 고객이 예상했던 금액의 10배가 넘는 금액으로 계약을 마무리

고객의 '니즈'(Needs)를 확장시켜라

할 수 있었다. 내가 먼저 고객의 니즈를 확장시키지 않으면, 분명 다른 세일 즈맨에게 기회를 빼앗기게 된다. 심지어 기회만 빼앗기는 것이 아니라 기존에 내가 제안한 상품까지 빼앗기는 경우도 있다.

"남을 설득하려고 할 때는
자기가 먼저 감동하고
자신을 설득하는 데서부터 시작해야 한다"
**—토마스 칼라일**

토마스 칼라일의 말처럼 상품과 프로그램에 대해 치열하게 공부해라. 자기 자신과 상품에 대해 자신감과 자부심을 가져라. 고객의 입장에 서서 생각하고, 미래로 그 니즈를 확장시켜라. 그래야 세일즈맨에 대한 신뢰도가 올라감은 물론, 세일즈의 결과도 확장된다.

다시 한번 말하지만 자신감과 자부심. 이 두 가지를 장착해라.

예상했던 금액의 10배가 넘는 금액으로 계약을 마무리하는 일이 당신에게도 일어날 것이다.

05

# 벤츠 판매왕에게 구입하는 것은
# 벤츠만이 아니다

지방에서 개원한 지 2년 정도 된 원장님의 다급한 연락이 왔다.

"퇴사한 직원이 퇴직금 이외에 무리한 금전적 보상을 요구하고 있는데 어떻게 하면 좋을까요?"

이런 난감한 상황은 생각보다 자주 발생한다. 내가 꼭 해결해 줘야 하는 문제는 아니지만, 이런 경우 나와 함께하는 노무, 세무, 법무 관련 전문가들에게 자문을 구해 문제를 해결해 준다.

"혹시, 사옥 건물도 알아봐 줄 수 있어요?"

한 중소기업을 운영하는 법인 대표님의 요청이었다. 사실 "부동산은 중개

업소에 문의하셔야죠."라고 응대하면 그만이다. 하지만 고객들의 이런 요구
는 내 예측범위 안에 있었기에 즉각 도움을 줄 수 있었다.

이런 서비스를 받아본 고객은 담당자에 대한 로열티가 올라갈 수밖에 없다.


"내가 왜? 이것을 당신에게 구입해야 합니까?"


당신이 세일즈맨이라면 이 질문에 답할 수 있어야 한다. 머뭇거리고 있거
나 인맥 타령을 하려거든 그냥 대답하지 않는 것이 더 낫다. 독점으로 판매하
는 경우라면 '갑'의 입장에서 세일즈할 수 있겠지만, 우리가 세일즈하는 것은
이미 수많은 세일즈맨과 경쟁하고 있는 상품이다. 고객 입장에서는 세일즈
맨을 선택하는 폭이 넓기에 차별성과 경쟁력을 갖춘 세일즈맨을 찾게 된다.


그렇다면 차별성과 경쟁력은 어떻게 갖출 것인가?

핵심은 두 가지다.


## ① 당신만의 업무 프로세스가 있어야 한다

고객과의 첫 미팅 시 전화로 간단하게 인사를 나눈 후, 약속을 잡고 나를
알릴 수 있는 메시지를 보낸다. 메시지에는 나의 얼굴과 커리어가 나와 있
고, 어떤 마음가짐으로 일하고 있는지도 설명되어 있다.

첫 대면 시에는 내가 당신에게 어떤 도움을 줄 수 있는지, 앞으로 어떻게 관

리 해줄 수 있는지 안내한다. 이어서 몇 번 정도의 미팅을 할 것인지와 각 미팅의 주제에 대해 간단하게 안내한다. 이런 구체적인 안내는 고객으로 하여금 '이 세일즈맨은 체계적인 시스템을 갖추고 일을 하는구나' 하는 반응을 끌어내게 되고, 무언가 다르다는 느낌을 심어주게 된다.

## ② 고객이 원하는 것보다 더 높은 서비스를 해야 한다

카드사에서는 VVIP 고객을 위한 특별한 서비스 중 하나로 '컨시어지(Concierge)' 서비스를 제공한다. 고객들의 다양한 요구를 개인 비서처럼 도와주는 서비스라고 할 수 있는데, 호텔 예약부터 레스토랑, 여행, 쇼핑 등 고객들의 다양한 서비스를 24시간 도와준다.

간혹 주말 또는 저녁 늦은 시간에 고객으로부터 연락을 받을 때가 있다. 긴급한 일이 생긴 것이다. 당신이 갑작스러운 사고를 당하거나 사고 현장에 있다고 생각해보자. 머리는 하얘지고, 손발이 떨리게 된다. 어떻게 수습해야 할지 좀처럼 생각이 나지 않는다. 이때, 당신을 진정시키고 상황에 맞게 하나씩 일을 처리할 수 있도록 도와주는 사람이 있다면 어떨 거 같은가?

당신이 벤츠를 구입한다고 가정하자. A 딜러와 B 딜러가 있다. 이 두 사람이 판매하는 벤츠는 가격과 성능, A/S 등 모든 면에서 동일하다. 당신은 누구에게 벤츠를 구입하겠는가? 할인을 많이 해주는 딜러? 사은품을 더 챙겨주는 딜러? 할인과 사은품으로 고객의 선택을 받는 딜러는 계속해서 경쟁자에게 도전받게 된다. 그리고 결국 더 많은 할인과 사은품으로 제 살 깎기 경쟁이 된다.

《이기는 세일즈》,《죽기 살기로 3년만》의 저자이자 16년간 벤츠 최우수 판매왕 신동일 상무는 독보적인 시스템을 갖춘 세일즈맨이다. 그의 직속 에프터케어 전담팀 직원은 14명이다. 이들은 신차와 중고차, 보험, A/S등 차량 정비와 관리를 전담한다.

그가 다른 딜러보다 차 값을 비싸게 받는 것도 아니고, 같은 가격에 전담 직원들이 중고차매입과 보험 가입, 차량 픽업 AS까지 해주는 시스템을 만들어 놓았으니 당연히 그에게 구입하는 고객들이 많을 수밖에 없다. 그는 다른 딜러와 똑같이 차를 판매해서는 차별성과 경쟁력을 가질 수 없다고 생각한 것이다.

"벤츠 판매왕에게 구입하는 것은 벤츠만이 아닙니다."

신동일 상무가 고객에게 전하는 메시지다. 함축적이지만 고객이 원하는 것보다 더 높은 서비스를 제공한다는 그의 신념이 담겨 있다. 그가 16년간 판매한 차량은 약 2,500여 대, 매년 약 150~160대의 차량을 판매한 셈이다.

그는 운이 좋아서 판매왕이 된 것이 아니다. 지독한 노력과 고민을 통해 본인만의 시스템을 구축하였고, 이 시스템에 진심을 담아 고객들에게 전달한 것의 대가일 뿐이다.

말처럼 쉽지 않겠지만, 그래서 더욱 고객이 원하는 것 보다 더 높은 서비스를 통해 차별성과 경쟁력을 갖추어야 한다. 당신이 고객을 지속해서 유지하고 늘리고 싶다면, 자신에게 질문을 던져보자.

"나는 과연 어떤 시스템을 갖추고 있는가?"

# 새롭지 않은 것을 새롭게 보이게 하는 기술

2004년 경기도 수원의 한 건물주가 폐지 줍는 할머니의 손수레에서 범상치 않은 고문헌을 발견하게 된다. 그리고 자신의 폐품과 맞바꾸었다.

2년 뒤인 2006년 KBS 프로그램 「진품명품」에 고문헌 3권이 나오게 된다. 감정위원들은 흥분을 감추지 못했다. 그 고문헌은 정약용의 '하피첩'이었던 것이다.

'하피첩'이란 노을빛 치마로 만든 소책자라는 뜻이다. 다산 정약용이 천주교를 믿었던 죄로 전남 강진으로 귀양을 가게 되었는데, 정약용의 아내가 시집올 때 입었던 치마를 그리운 마음을 담아 남편에게 보냈다. 그 치마에 다산 정약용은 두 아들에게 전하고 싶은 말을 써서 책자로 만들었다. 그것이 바로 '하피첩'이다.

의뢰인은 폐품과 맞바꾼 이 고문헌이 정약용의 '하피첩'이라고는 꿈에도 생각하지 못했을 것이다. 결국 「진품명품」에서 감정가는 1억 원으로 매겨졌고, 최종적으로 국립민속박물관에 7억 5,000만 원에 팔렸다.

간혹 고객과 상담하다 보면 이런 얘기를 듣곤 한다. "제가 죽어서 나오는 보험이 무슨 의미가 있을까요?", "물가상승률을 감안하면 20~30년 후에 이 금액이 무슨 도움이 될까요?", "보험 혜택을 받지 못하면 보험료가 너무 아까워요." 고객들은 미래의 불확실성에 대한 준비보다는 현실의 재정적 문제에 직면하기에 당장 보험 가입을 미루기에 십상이다. 이처럼 부정적 프레임에 갇혀 보험의 가치를 제대로 인식하지 못하는 경우가 많다.

어느 날 세실과 모리스 두 청년이 예배를 드리러 가는 중이었다.

"모리스, 자네는 기도 중에 담배를 피워도 된다고 생각하나?"
"글쎄 잘 모르겠는데… 랍비께 한번 여쭤보는 게 어떻겠나?"
세실이 랍비에게 가서 물었다.

"랍비여, 기도 중에 담배를 피워도 되나요?"
"형제여, 그건 절대 안 되네. 기도는 신과 나누는 엄숙한 대화인데 그럴 순 없지."
세실로부터 랍비의 답을 들은 모리스가 말했다.

새롭지 않은 것을 새롭게 보이게 하는 기술

"그건 자네가 질문을 잘못했기 때문이야. 내가 가서 다시 여쭤보겠네."

"랍비여, 담배를 피우는 중에는 기도하면 안 되나요?"

"형제여, 기도는 때와 장소가 필요 없다네. 담배를 피우는 중에도 기도는 얼마든지 할 수 있지."

동일한 행동이지만 어떻게 질문하느냐에 따라, 어떻게 보이느냐에 따라 완전 다른 결과를 얻게 된다. 세일즈맨은 고객들이 생각하는 고정관념을 뛰어넘어 항상 새롭게 보이게 해야 한다. 그래야 세일즈의 결과물이 나온다.

한 세일즈맨이 고객에게 이렇게 얘기한다.

"사장님! 이 보험을 준비하시면 총 5억 원을 납입하시고 사장님이 사망 시 가족에게 10억 원을 보험금으로 남겨주실 수 있습니다."

같은 상품을 다른 세일즈맨은 이렇게 얘기한다.

"사장님! 5억 원으로 20억 원의 효과를 볼 수 있는 안전하고 확실한 방법이 있습니다."

같은 상품인데 누구는 10억 원을 얘기하고 누구는 20억 원을 얘기한다. 무엇이 맞는 것일까?

    상속 및 증여세 과세표준 금액이 30억 원을 초과하면 50%의 세율을 적용받는다. 과세표준 금액 30억 원 이상인 경우 피상속인이 상속인에게 10억 원을 더 주고 싶다면, 20억 원을 줘야 한다. 그래야 50%인 10억 원을 세금으로 내고 10억 원을 줄 수 있다. 이게 현실이다.

    하지만 보험은 가입자의 나이에 따라 약간의 차이는 있겠지만 5억 원을 납입하면 사망 시 가족에게 10억 원을 남겨 줄 수 있는 프로그램을 준비할 수 있다. 누군가는 20억 원으로 준비해야 할 10억 원을, 상품을 잘 이용하면 5억 원으로 준비할 수 있는 것이다.

    이제 5억 원으로 20억 원의 효과를 볼 수 있다는 말이 이해 가는가?

    이처럼 보험을 자산의 개념으로 인식시키고 다양한 금융전략 중 가장 안전하고 확실한 전략이라고 인식시키면 고객은 보험을 새롭게 보게 된다.

    구약성경 전도서 1장에 "하늘 아래 새로운 것은 없다(There is nothing new under the sun)"라는 말이 있다. 소비자들이 구매하는 신제품은 새로운 것인가? 아니면 새롭게 보이게 만든 것인가? 신제품은 새로운 것이 아니라 기존 제품이 개선되었거나 융합을 통해 만들어진 것이 대부분이다. 하지만 그 과정에서 새롭게 보이게끔 노력하였기에 소비자들은 그것을 선택한다. 그리고 앞

새롭지 않은 것을 새롭게 보이게 하는 기술

으로도 새롭게 보이는 것을 선택할 것이다.

호주 시드니에 갈 일이 있었다. 마지막 일정으로 한국인이 운영하는 면세점을 들렀다. 양모 방석을 파는 매장 직원이 나에게 이렇게 얘기했다.

"고객님! 이게 서울대 방석이에요. 여름에는 통기성이 좋고, 겨울에는 보온성이 좋아서 수험생에게 너무 좋아요."

그냥 양털로 만든 방석이라고 했으면 구입하지 않았을 것을 '서울대 방석'이라는 말에 혹해서 구입했다. 그리고 수험생 조카에게 선물로 주면서 이렇게 얘기했다.

"이게 서울대 방석이야. 여기에 앉아서 공부하면 서울대 간다."

'양모 방석'과 '서울대 방석'은 동일한 제품이다. 하지만 분명 다른 가치와 의미가 있다. 당신은 양모 방석을 팔 것인가? 서울대 방석을 팔 것인가? 이처럼 무언가의 진가를 다시 알게 되면 새로운 가치와 가격이 매겨진다.

새롭게 바라보아라. 그리고 새롭게 보이게 하라.
어떻게 보여주는지에 따라 흔해빠진 물건도 명품이 될 수 있다.

# 07

# 연봉 1억을 벌 것인가,
# 연 1억을 저축할 것인가

## 세일즈맨의 연 소득 1억 = 샐러리맨의 연봉 5,000만 원

매월 급여 수령 시 소득세 3.3%를 원천징수한다. 그리고 다음 해에 급여 외에 기타 소득을 합산하여 종합소득세를 신고한다. 총소득에서 각종 경비와 이미 납부한 세액을 제외하고 실제 소득을 산출하면 납부할 세금이 정해진다. 각종 경비를 어느 정도 인정받느냐에 따라 세금이 달라지겠지만 과세표준 금액이 1억이면 약 2,000만 원, 2억이면 약 5,000만 원의 세금을 납부해야 한다.

나는 매월 차량 유지비, 직원 급여, 고객 응대 비용 등 활동비로 600~700만 원 정도를 지출한다. 그리고 매월 200만 원씩 세금 납부용으로 별도 적금에 가입한다. 매월 800~900만 원, 연간 약 1억 원 정도는 업무 활동 비용과 세금으로 생각해야 한다. 이게 현실이다.

세일즈 업계에서 연 소득 '1억'은 상징적인 의미를 두고 있다. 직업적 성공을 의미하기도 하고 회사와 고객에게 인정받는 세일즈맨의 징표가 되기도 한다. 하지만 현실적으로 파헤쳐보면 앞서 말한 바처럼 실상은 그렇지 못하다. 최소 1억을 받아야 세일즈맨의 활동과 재정적 문제가 발생하지 않을 뿐이다.

샐러리맨에 비해 소득이 높다고 해서 각종 명품과 고급 외제 차를 무분별하게 소비하는 것은 자칫 허울만 좋은 세일즈맨이 될 수 있다. 물론 개인의 재정적 목표와 가치관이 다르기에 소비행태를 비난할 수는 없다. 하지만, 세일즈맨이 재정적으로 안정되어 있지 않으면 자칫 고객들에게 실수를 저지를 수 있다.

연봉 1억을 받는 샐러리맨의 실제 월급수령액은 국민연금과 건강보험, 소득세 등 약 20%가 넘는 세금을 공제하고 월 656만 원이다. 샐러리맨은 월 소득액 기준으로 4대 보험료의 50%를 본인이 부담하고 50%를 사업주가 부담한다. 하지만 세일즈맨은 본인이 모든 것을 부담한다. 샐러리맨은 법인카드를 사용하거나 각종 경비를 청구하여 받을 수 있기에 업무적 활동에 대한 재정적 부담이 가중되지 않지만, 세일즈맨은 모든 비용에 대한 부담 또한 본인 몫이다.

항상 후배들에게 얘기한다. 연 소득 1억을 목표로 정하지 말고 연 1억 저축을 목표로 하라고. 세일즈맨은 본인 급여의 40~50%는 세금 또는 경비로 생각해야 한다. 그래서 연 소득 1억을 받는 세일즈맨은 연봉 5,000만 원을 받는 샐러리맨과 동일 한 재정적 수준이다.

유년 시절 재정적으로 형편이 좋지 않았던 나는 '돈'에 대한 애착이 있었다. 그래서 높은 연봉을 받고 싶었고, 하루라도 빨리 재정적으로 안정된 삶을 살길 원했다. 그렇다고 거창한 목표가 있었던 것도 아니었다. 대출 없이 서울에 30평대 집을 소유하고, 중형차를 타고 다니는 것이 나의 재정적 목표였다.

중소기업에서는 임원이 되지 않는 한 연봉 1억을 받기는 어렵다. 그나마 대기업이라면 입사해서 승진하고 남들보다 좋은 성과를 냈다는 가정하에 연봉 1억을 받을 수 있다. 이 경우 월 실수령액은 656만 원. 이중 생활비와 각종 공과금을 제외하고 월 250만 원을 저축한다고 가정했을 경우 연간 3,000만 원을 저축할 수 있다. 40~50년을 저축해야 재정적 목표를 겨우 이루게 된다.

즉, 이번 생에는 어렵다는 결론이다.

운 좋게도 나는 세일즈를 시작하고 3년 차에 연 소득 1억을 달성했다. 5년 차부터는 연 소득 2억을 넘어섰고, 8년 차부터는 연 소득 3억 이상을 달성했다. 세일즈 업계에서 상위 1% 고소득 세일즈맨이 된 것이다. 하지만 얼마를 버느냐보다 얼마를 남기느냐가 더 중요하다고 생각했다.

연봉 1억을 벌 것인가, 연 1억을 저축할 것인가

소득이 높지만 무분별한 소비로 인해 신용카드 결제 대금과 자동차 할부금이 연체되고 당장 쓸 돈이 없다고 가정해보자. 세일즈맨들의 활동은 위축되고 자칫 과한 욕심을 부리게 되어 금전사고를 유발하게 된다.

실제로 이런 일들은 비일비재하게 일어났다. 이로 인해 세일즈맨들의 신뢰가 실추된 것이다.

중국 최고의 역사가이자 《사기(史記)》를 쓴 사마천의 고향은 중국 한성(韓城)이다. 그곳에는 사마천의 사당이 있다. 사당 뒤에는 사마천의 무덤이 있는데 이 무덤을 지나면 그의 후예들이 세워놓은 수많은 비석이 있다. 비석에 새겨진 글귀 중에 가장 많은 내용이 화식열전(貨殖列傳)에 나오는 글귀들이다. 사마천의 화식열전에는 중국의 재벌들과 성공한 사업가들의 경영철학과 인생의 가치가 담겨 있다.

"창름실이지예절(倉廩實而知禮節)하고 의식족이지영욕(衣食足而知榮辱)이라."

이 말은 "창고가 가득 차야 예절을 알고, 입고 먹는 것이 풍족해야 명예도 치욕도 안다."라는 뜻이다. 경제에 대한 구체적이고 실질적인 사마천의 철학을 잘 보여주는 말이다.

사마천의 경제철학처럼 세일즈맨은 본인의 재정적 안정이 우선되어야 한다. 그래야 고객들에게 안정을 주고 신뢰를 얻을 수 있다.

아무리 높은 소득을 받는 세일즈맨이더라도 재정적으로 불안한 상태라면 고객에게 불신을 얻게 된다. 반대로 세일즈맨이 재정적으로 안정이 도모되어있다면 안정적인 에너지를 줄 수 있다. 그래야 고객들도 안심하고 신뢰하게 된다.

당신의 통장 잔고가 여유 있어야 고객과의 식사가 즐겁다. 감사한 사람들에게 베풀 수 있는 마음의 여유도 갖게 된다. 의식주가 충족되어야 욕심을 부리지 않고 올바른 길을 흔들림 없이 갈 수 있고, 위기가 오더라도 버틸 수 있는 힘을 가질 수 있다.

소득이 높고 낮음이 중요한 게 아니다.

평소 얼마를 버느냐보다 얼마를 남기느냐를 중요하게 여겨라.

누굴 만나든 변함없이 재정적으로 안정적인 분위기를 자아내라.

그래야 위기가 오더라도 변함없이 곁에 남는 고객을 얻게 된다.

연봉 1억을 벌 것인가, 연 1억을 저축할 것인가

# 2부

# 위대한 세일즈맨의
# 영업 노트

# 3장

영업의 비밀 I : 마음을 흔들어라

# 01

# Why asking for discount?

2017년도 여름, 아내와 아들과 함께 약 10일간 미국으로 여행을 갔다. 평소 바쁘다는 핑계로 아빠 역할을 잘하지 못했기에 온전히 아들에게 좋은 추억을 남겨주고 싶었다. 라스베이거스에 숙소를 잡고, 각종 공연을 관람하고 경비행기로 '그랜드캐니언'을 관광했다. 로스앤젤레스로 넘어가 디즈니랜드와 유니버설 스튜디오 등을 돌아보면서 오랜만에 아들에게 좋은 추억을 선물해주고 있다는 뿌듯함을 느꼈다.

빡빡한 10일간의 일정을 소화하고 마지막 일정으로 로스앤젤레스 공항 근처에 있는 할리우드 거리에 잠시 들렀다. 드라마나 영화에서 나오는 할리우드 거리는 화려하고 멋져 보였지만 실제로 가보니 한적하고 조용한 마을이었다.

할리우드 중심가에는 'Walk of Fame' 로드가 있다. 그곳에서 유명한 스타들의 이름이 새겨진 별 모양의 동판을 볼 수 있는데, 스타들의 이름을 찾는 재미가 쏠쏠했다. 수많은 별 모양의 동판 중에 이름이 새겨지지 않은 동판이 눈에 띄었다. 이름이 새겨지지 않은 이유가 궁금해서 확인해보니 앞으로 탄생할 새로운 스타들의 자리를 미리 만들어 놓은 거라고 한다.

한 젊은 친구가 이름이 새겨지지 않은 별 모양 동판 위에서 장사를 하고 있었다. 알파벳 금속 활자를 준비해서 관광객의 이름을 조합하고, 비어있는 별 모양 동판 위에 올려놓은 후 기념사진을 찍어주는 것이다. 내 이름을 영문으로 표기하면 'JOO HOON'이다. 금속 활자를 조합해서 별 모양 위에 'JOO HOON'을 올려놓고 사진을 찍어주고 돈을 받는 식이다.

아들이 관심을 보이기에 짧은 영어로 젊은 친구에게 말을 걸었다.

"How much?"
"Ten Dollar!"

사진 한 장 찍어주는데 $10라니, 조금 비싸다고 느껴져 흥정을 시작했다.

"It's too expensive, I want a discount. For $5!"
"No! No!"

젊은 친구는 단호히 거절하더니 아들의 나이를 물어보았다.


"How old is your son?"

"Seven years old."


젊은 친구는 내가 영어를 자유롭게 구사하지 못하는 것을 눈치챘는지, 아주 쉬운 단어로 천천히 이렇게 얘기했다.


"Your son will remember today. Until 90 years old! Why asking for discount?"
(당신의 아들이 오늘을 90세까지 기억할 겁니다. 그런데 이걸 깎으려고 합니까?)


젊은 친구는 내 눈을 똑바로 보며 얘기했다. 순간 당황했다. 가볍게 기념사진 한 장 찍을 생각이었는데, 이 젊은 친구는 아들이 이 사진을 아주 오래 기억할 것이며, 굉장히 좋은 선물이 될 것임을 인지시켜준 것이다.

마음이 흔들렸다. 돈 몇 푼 때문에 흥정을 시작한 내가 나쁜 아빠가 된 거 같기도 했다. 아들의 평생 추억을 위해 $10도 못쓴단 말인가.


불과 몇 초 전까지만 해도 비싸다고 생각됐던 $10가, 그 이상의 충분한 가치가 있다고 느껴지면서 지갑이 열렸다.

이 젊은 친구는 내가 지불하는 비용을 가치 있는 소비로 느끼게 해주었다.

이를 통해 오랜 시간 행복한 추억을 가질 수 있다는 것도 일깨워 주었다. 머리가 아닌 마음을 흔들리게 함으로써 나를 움직이게 한 것이다.

세일즈맨들이 고객과의 상담 시에 꼭 기억해야 할 내용이 있다. 고객은 이성적 사고도 하지만, 감성적 사고도 한다. 이성적 사고는 세일즈맨이 설명하는 내용을 잘 듣고 나에게 필요한 것인지 아닌지를 판단하게 해주는 역할을 한다. 이치에 따라 사리 분별하게 해주는 것이 이성적 사고이다. 감성적 사고는 이성적 사고와 반대되는 개념으로, 자극을 받고 움직이는 성질을 말한다.

세일즈맨들은 고객들에게 지식과 정보로 머리를 끄덕이게 할 수는 있으나, 감성적 사고를 불러일으키지 않으면 행동으로 이어지지 않는다는 것을 알아야 한다. 설명은 이성적으로 하되 고객의 행동을 유발하기 위해서는 감성적인 터치가 있어야 하는 이유다.

이성적으로 생각하면 사진 한 장 찍는 비용이 $10라는 것은 받아들이기 힘들었다. 하지만 이 비용을 통해 가족에게 오랜 시간 추억을 선물할 수 있다고 생각하는 순간 허용치가 넓어지고 행동으로 옮긴 것이다.

2017년도 여름, 미국에서 수백 장의 사진을 찍었다. 그중 가장 기억에 남는 사진은 단연코 할리우드 거리에서 찍은 아들과의 사진이다. 할리우드 거리에서 만난 젊은 친구의 말처럼 나와 아들은 이 사진을 90세까지 기억하며 추억하게 될 것 같다.

다시 한번 말하지만, 이해를 넘어 행동하게 하려면

고객의 머리가 아닌 마음을 흔들어라!

## 02

# 때론 질문이 답변보다 더 큰 힘을 가진다

방청객 중 한 명을 무대 위로 올라오게 한다. 방청객에게 어떤 물건을 감추게 하고 마술사에게 감춘 위치를 찾게 한다. 마술사는 여기저기 훑어보면서 방청객의 표정과 행동의 변화를 보고 감춘 위치를 알아맞힌다. 정확히 말하면 '마술'이라기보다 반복적 연습으로 방청객의 미세한 근육의 떨림과 변화를 통해 알 수 있는 것이다. 이처럼 미국과 유럽에서는 독심술이 '마술'에 많이 쓰인다.

세일즈맨이 좋은 성과를 내기 위해서는 여러 요소가 필요하다. 언변력도 좋아야 하고 아는 것도 많아야 한다. 부지런함과 성실함은 기본이고, 센스도 갖추어야 한다.

하지만 세일즈를 더 잘하기 위해서는 고객의 생각과 마음을 읽을 수 있는 독심술이 있어야 한다. 독심술이 있다면 고객이 무엇을 원하는지, 왜 거절하는지를 알 수 있기에 세일즈의 성과를 효율적으로 높일 수 있게 된다.

세일즈맨들도 연습을 통해 독심술을 익힐 수 있다. 어떤 연습을 해야 하냐고? 그건 바로 '질문'하는 연습이다. 세일즈맨은 질문하는 연습을 계속 반복해야 한다. 고객의 생각과 마음을 읽기 위한 가장 좋은 방법이 질문이기 때문이다.

"오늘 점심 뭐 드셨어요?", "주말에 어디 갔다 오셨어요?" 이런 일반적인 질문이 아니라 좋은 질문을 미리 준비하고 던져야 한다. 좋은 질문은 고객의 생각을 확장시킬 수 있고, 자신을 스스로 돌아볼 수 있게 한다. 또한, 세일즈맨의 얘기에 더욱 집중하게 만든다.

그럼 좋은 질문이란 무엇인가?

## ① 광범위함보다는 질문에 핵심이 있어야 한다

"공부를 잘하려면 어떻게 해야 할까?"라는 질문에서 어떤 공부를 얘기하는 건지, 잘하는 기준은 뭔지 애매할 수 있다. 이 질문은 이렇게 바꾸어보자.

"이번 중간고사에서 평균 점수를 90점 이상 받으려면 어떻게 해야 할까?"

화자(話者) 입장이 아닌 청자(聽者) 입장에서 조금 더 구체적이고 명확한 질문이 된다.

"이번 달 실적을 어떻게 올릴 건가?"라는 사장님의 질문에 구체적으로 답변을 할 수 있는 실무자는 없다. 아마도 실무자의 답변은 "열심히 하겠습니다."라며 얼버무릴 것이다. 이는 실무자의 문제가 아니라 사장님의 질문에 문제가 있다.

질문을 이렇게 바꾸어보자.

"이번 달 실적을 지난달보다 20% 더 올리기 위해서는 어떻게 해야 할까?"

뜬구름 잡는 얘기가 아니라 기준값이 있기에 명확한 데이터로 답변을 할 수 있고 계획을 세울 수 있다.

## ② 질문에 대한 구체적 실천 방안을 질문해야 한다

"이번 중간고사에서 평균 점수를 90점 이상 받으려면, 수학과 영어 점수를 지금보다 10점 이상 올려야 하는데 어떻게 하면 10점 이상 올릴 수 있을까?"

"이번 달 실적을 20% 올리기 위해서는 제품을 약 100개 정도 더 팔아야 하는데, 어떻게 하면 100개를 더 판매할 수 있을까?"

이처럼 구체적 실천 방안을 질문해야 한다.

### ③ 삶에 어떤 변화와 이익을 가져다주는지 질문해야 한다

"평균 점수를 90점 이상 받으면 어떤 게 유리하지?", "100개의 제품을 더 판매하게 되면 회사와 당신에게 어떤 이익이 있지?" 내신 등급을 높게 받아서 대학 진학에 도움이 될 수도 있고, 회사에서는 보너스를 받고 진급에 가산점을 받을 수 있다. 이처럼 답변자는 구체적 실천 방안을 실행해야 할 당위성과 동기부여를 스스로 찾게 된다.

이집트 역사상 최초로 노벨문학상을 수상한 바 있는 작가 나기브 마푸즈(Naguib Mahfouz)는 이런 말을 했다.

**"그 사람이 똑똑한지는 그의 대답을 들으면 알 수 있다.**
**그 사람이 현명한지는 그의 질문을 들으면 알 수 있다."**

고객과의 상담 시 내가 주로 던지는 질문을 순차적으로 나열해보면 이렇다.

> "고객님이 생각하는 재정적 자유는 무엇입니까?"
> "고객님이 생각하는 부자의 조건은 무엇입니까?"
>
>
>
> "그렇다면 재정적 자유와 부자의 조건을 갖추기 위해
> 어떤 노력을 하고 계십니까? 어떤 계획을 갖고 계십니까?"

때론 질문이 답변보다 더 큰 힘을 가진다

"노력과 계획이 순리대로 잘 진행된다면

어떤 모습일까요?"

"만약 재정적 안정을 이루기 전에 더 이상 경제 활동을

못 하게 되는 상황을 맞게 된다면 대안이 있으신가요?"

"아직 대안이 준비되어 있지 않다면,

제가 준비해서 안내해드리고 싶은데 어떠신가요?"

좋은 질문은 좋은 답변보다 더 큰 힘을 가진다. 앞서 좋은 질문은 생각을 확장시킬 수 있고, 자신을 돌아볼 수 있게 하며, 세일즈맨의 얘기에 집중하게 만든다고 말한 바 있다. 여기에 더해 좋은 질문은 고객을 리딩(Leading) 할 수 있다. 고객은 이때 신뢰감을 느낀다. 신뢰가 기반이 되어야 세일즈의 성과를 높일 수 있다는 것은 말하지 않아도 알 것이다.

핵심을 짚는 질문으로 고객을 리딩(Leading)하라. 구체적인 실천 방안과 그것이 삶에 어떤 변화와 이익을 가져다주는지 질문하라. 어느새 의자 등받이에서 등을 떼고 당신의 얘기에 집중하고 있는 고객을 마주하게 될 것이다.

03

# 요구와 욕구를 구별하라

기존 고객의 소개로 신혼부부를 만나 상담을 했다. 약속 장소에 먼저 도착해서 기다리고 있는데 양손에 쇼핑백을 들고 신혼부부가 나왔다. 쇼핑백에는 한가득 보험증권이 담겨 있었다. 간단히 인사를 나누고 쇼핑백의 정체를 물었더니 고객이 흥분하며 얘기했다.

"저희 친정엄마가 돈도 없으신데, 너무 많은 보험에 가입하셨어요. 글도 잘 못 보시는 저희 엄마에게 이렇게 많은 보험에 가입하게 한 설계사가 미워서 요즘 잠도 잘 못 자고 있어요. 어떻게 해야 할지 너무 걱정이에요."

그녀는 보험에 대한 부정적 인식과 설계사에 대한 강한 불신으로 가득 차 있었다. 당장이라도 폭발할 것만 같은 감정이 눈에 보였다. 옆에 있던 남편이 아내를 진정시키며 얘기했다.

"초면에 너무 죄송합니다. 아내가 최근에 이 보험 때문에 장모님과 계속 싸

우고 스트레스를 너무 많이 받아 그렇습니다. 제 친구에게 이 얘길 했더니 주훈 씨를 만나보라고 해서 연락드렸습니다."

한참 동안 신혼부부의 얘기를 들은 후 질문했다.

"혹시 어머님이 어떤 일을 하세요?"

"시장에서 과일 노점상을 하세요."

"아버님은요?"

"제가 중학생이었을 때 '암'으로 돌아가셨어요."

"어머님이 고생 많으셨겠네요."

"엄마가 저희 남매 키우시느라 고생 많으셨죠. 그래서 이제는 좀 쉬셨으면 좋겠는데 보험료 내시느라 못 쉬겠다고 하시니 제가 더 속이 상하죠."

"제가 보험 내용을 간단히 살펴보니 어머님이 따님을 정말 많이 사랑하시는 거 같아요."

"네? 갑자기 그게 무슨 말씀이세요?"

"모든 보험수익자가 따님으로 되어 있네요."

"네? 그런 게 어디에 적혀있어요?"

"어머님이 글을 잘 모르고, 누군가에게 사기당해서 보험에 가입한 게 아니에요. 아마도 일찍 아버님을 하늘나라에 보내시고 힘든 유년 시절을 보낸 자식들에게 최소한 짐이 되지 않으시려고 보험을 준비하신 걸 거예요. 어머님께 너무 화내지 마세요. 여기 보시면 모든 보험 수익자가 따님 이름이잖아요. 제가 조금 더 자세히 살펴보고 말씀드려야 하지만 괜찮은 보험 가입하셨으니 형편에 맞게 잘 유지하셨으면 합니다."

그녀는 여러 번 보험증권을 봤는데 정작 본인은 보험료와 숫자만 봤다면서 친정엄마의 마음을 헤아리지 못했다고 한참을 울기 시작했다. 그리고 어느 정도 진정이 된 후에 얘기를 다시 꺼냈다.

"사실 지난주에 다른 설계사에게 보험 분석을 의뢰했었어요. 그런데, 대부분 해약하고 신상품으로 변경하라는 제안을 받았어요. 해약하려고 했더니 손해액이 1,500만 원 정도 되더라고요. 그 이후로 너무 속상해서 잠을 잘 수가 없었어요. 이런 상태에서 주훈 씨를 오늘 만난 건데, 이제 어떻게 해야 할지 감이 잡혔어요. 감사합니다."

나는 이 신혼부부에게 보험을 해약하라는 말도 보험에 새로 가입하라는 말도 하지 않았다. 단지 친정엄마가 가입한 보험의 숨겨진 의미를 찾아서 전달했을 뿐이었다.

'제 보험을 분석 좀 해주세요.'

'부모님께서 보험에 너무 많이 가입하셨는데, 뭐가 뭔지 모르겠어요.'

'보험료로 지출되는 비용이 너무 많은데, 점검받아보고 싶어요.'

기존 고객과 상담하거나 소개를 받아 고객을 만나면 이런 요구를 흔히 듣게 된다. 그리고 새로운 세일즈 기회를 만들기 위해 세일즈맨들은 요구에 부응한다.

'고객님, 이 상품은 갱신형이고, 보험료 대비 보장 금액이 낮아서 좋지 않은 보험입니다.'

'이 상품은 중증일 경우에 보장이 가능하고 보장 기간이 너무 짧습니다. 해지하시고 조건이 좋은 신상품으로 갈아타세요.'

고객은 분석을 요구했으나, 보험 담당자는 새로운 상품을 세일즈하고자 하는 욕구가 있기에 이렇게 얘기한다. 담당자의 얘기를 듣는 순간 고객의 얼굴은 붉으락푸르락하면서 당황해한다. 과연 고객은 기존 상품을 해지하고 담당자가 제안한 보험에 가입할까? 정말 고객이 원하는 것이 이런 것이었을까?

《협상의10계명》의 전성철, 최철규 저자는 고객의 요구와 욕구에 대해 다음과 같이 설명했다.


**"갈증을 해소하기 위해 한 손님이 편의점에 들어와서 콜라를 찾는다. 편의점에는 콜라가 없다. 점원이 '콜라가 없다'라는 말을 하면 그 상황은 그렇게 끝이 난다. 아무런 성과가 나오지 않는 것이다. 하지만 콜라를 찾는 손님의 욕구가 '갈증을 해소하기 위함'이라는 것을 파악한다면, 다른 음료를 제시하며 판매를 끌어낼 수 있다."**


이처럼 겉으로 드러나 보이는 요구 이면에 숨겨진 욕구를 확인함으로써 다른 판매를 끌어낼 수 있는 것이다.


'지난주에 이 옷 샀는데 어때?', '나 어제 머리했는데 어때?'라고 배우자 또는 친구가 물어보면 어떻게 대답할 것인가. 요구 뒤에 숨겨진 욕구를 파악할 수 있겠는가? 눈치 없이 컬러가 안 어울린다든지, 나는 긴 머리가 더 좋다고 얘기하지 말라.

만약 할 말이 없다면 '그 옷 어디서 샀어? 대박!', '머리 어디서 했어? 대박!' 이라고 하면 된다. 이 또한 상대방의 요구는 옷과 머리에 대한 평가를 바라는 것이지만, 숨겨진 욕구는 칭찬과 확신을 얻기 위한 것임을 잊으면 안 된다.


며칠 후에 신혼부부의 아내로부터 전화를 받았다.

요구와 욕구를 구별하라

"주훈 씨! 제 친척 동생을 소개해드리고 싶어서 연락드렸어요. 그리고 제가 우리 동네 맘카페를 운영하는데 거기에 주훈 씨를 소개해드리려 합니다. 혹시 저희 맘카페 통해 상담 요청이 들어오면 잘 부탁드려요."

이분의 요구는 '어머님의 보험을 분석하고 정리하고 싶다'였지만, 숨겨진 욕구는 그게 아니었다. 어머님이 보험에 가입한 목적을 확인하고 자세한 분석을 통해 보험을 유지해도 좋다는 얘기를 전문가에게 듣고 싶은 것이었다.

기억하자. 고객의 표면적 요구를 충족시키는 것보다 요구 이면에 숨겨진 욕구를 확인해야 한다. 요구를 넘어 욕구에 알맞은 대안을 제시할 수 있을 때, 고객은 주저 없이 당신을 선택할 것이다.

04

# 마음을 얻는 선물의 조건 Ⅰ
(귀를 기울이고 있는가)

경쟁력 있는 상품을 독점하고 있다면 당분간 먹고사는 것에는 문제가 없겠지만, 고객의 신뢰가 뒷받침되어 있지 않으면 언젠가는 무너지고 만다. 하지만 고객으로부터 신뢰를 얻고 있다면 아무리 경쟁자가 많은 레드오션에서도 살아남을 수 있다.

세일즈맨들은 고객의 마음을 얻기 위해 노력한다. 대부분의 세일즈 환경은 수많은 경쟁자가 치열한 전투를 치르고 있기에 살아남으려면 고객에게 선택돼야 한다. 그러기 위해서는 마음을 얻는 것이 가장 중요하다.

대형 건강검진 센터에서 임직원을 대상으로 은퇴 및 노후 준비에 대해 강의한 적이 있다. 그때 40대 후반의 간호부장님이 본인의 노후 준비에 대한 상담을 요청해왔다.

총 세 번의 미팅을 통해 적합한 노후 계획을 준비할 수 있게 도와드렸다. 간호부장님은 매번 미팅 때마다 상담 장소와 음료를 미리 준비해 놓으셨고, 바쁘신 와중에도 항상 나를 먼저 배려해주셨다.

고객과 담당자의 관계를 떠나 간호부장님이 정말 행복한 삶을 누리셨으면 하는 마음이 절로 나왔다. 며칠 후 다시 간호부장님을 찾아뵙고 애기를 나누는 와중에 다음 주 '부산 여행'이 계획되어 있다는 것을 알게 되었다.

"제가 시부모님을 모시고 살아서 주말에 여행을 가본 적이 없어요. 그런데, 다음 주에 친구랑 둘이서 부산 여행을 가기로 했어요. 그래서 벌써부터 너무 설레요."

"스케줄이랑 숙소는 잡으셨어요?"

"교통편만 예약했고 아직 계획한 건 없어요. 그냥 편히 돌아다니려고요."

간호부장님은 결혼한 지 20년이 되었는데 시부모님을 모시고 자녀들을 키우느라 제대로 여행을 다녀본 적이 없다고 했다. 소풍을 앞둔 학생처럼 너무 행복하고 설레 보였다. 사실 나는 "즐거운 시간 보내시고, 사진도 많이 찍고 오세요"라며 인사하면 그만이었다. 하지만 여행을 더 행복하게 해드릴 수 있는 게 무엇이 있을지 고민하기 시작했다.

그날 저녁, 부산에 있는 지인에게 전화를 걸었다.

"형님! 제 고객이 부산 여행을 가는데 1박 2일 일정 추천 좀 해주세요."

지인의 도움을 받아 부산의 명소와 맛집 등을 확인했다. 그리고 블로그 등을 참고해서 '1박 2일 부산 여행' 일정을 계획했다. A4용지로 10페이지 분량의 내용을 출력해서 다음 날 간호부장님을 다시 찾아뵈었다.

"간호부장님! 부산 여행 가시는 데 제가 조금이라도 도움이 되고 싶어서 준비했습니다."

간단하게 부산 여행 일정을 설명해 드리고 마지막 페이지에는 예약해놓은 호텔 숙박권을 첨부하였다.

"이 호텔이 5성급 호텔은 아니지만, 지하철과 아주 가깝고 대중교통 이용하기도 아주 편한 호텔입니다. 그리고 룸 안에서 간단하게 조리해서 드실 수 있는 공간도 있으니 두 분께서 하룻밤 보내기에는 나쁘지 않을 겁니다."

간호부장님은 남편도 신경 써주지 않은 것을 챙겨주었다며 고맙다는 말을 수십 번 되뇌었다.

며칠 후 덕분에 부산 여행을 즐겁게 보내고 왔다며 연락을 주셨다. 그리고 부탁이 하나 있다고 하셨다.

"주훈 씨! 날씨도 너무 좋았고 1박 2일 알차게 잘 보내고 왔어요. 호텔도 너무 좋았어요. 정말 감사해요. 그리고 저랑 같이 여행 간 친구도 연금이 필요하다는데 주훈 씨가 한번 상담해주시면 좋을 거 같아요. 그리고 우리 병원에 간호사 후배가 있는데 이 친구도 제가 가입한 거 필요하니까 이쪽 오실 때 미리 연락 한번 부탁드려요."

의도하지는 않았지만, 간호부장님은 주변의 많은 동료분을 나의 고객이 될 수 있도록 소개해 주었다. 상대방이 진심으로 행복했으면 하는 마음으로 준비한 선물이 더 큰 감동으로 되돌아온 것이다.

그렇다. 르네상스 시대에 이탈리아 피렌체를 지배했던 메디치 가문의 경영 원칙이자, 위대한 세일즈맨의 원칙인 이 진리는 깨지지 않는다.

**"사람을 얻는 자, 모든 것을 얻는다."**

# 마음을 얻는 선물의 조건 Ⅱ
(가격보다 가치를 주었는가)

"고객에게 선물을 왜 줘야 하는지 모르겠어요. 선물을 주면 제가 '을'처럼 보이는 것 같아서 자존심이 상합니다."

후배와 식사를 하는데 계약을 앞둔 고객이 어떤 선물을 주느냐며 은근히 부담을 준다고 내게 말했다. 많은 세일즈맨이 한 번쯤 경험해 봤을 상황이다.

"선물과 뇌물의 차이가 뭔지 아니? 선물은 주는 행위만으로 기쁘지만, 상대방을 이용하려는 마음이 들어가면 같은 선물을 주더라도 뇌물이 되는 거야."

뇌물로는 절대 상대방의 마음을 얻을 수 없다. '뇌물이라도 줘야 상대방이 마음의 부담을 갖고 구매하지 않을까' 하고 생각할 수 있겠지만, 결코 좋은 결과를 얻을 수 없다.

2020년 코로나19가 전 세계에 공포를 몰고 왔다. 초유의 사태에 많은 사람이 패닉에 빠졌다. 사람 간 물리적 거리를 강제하고 외출을 자제하라는 권고는 사태의 심각성을 대변하였다. 코로나19로 인해 항공, 여행, 외식 등 많은 업종이 직접적인 피해를 보았다. 사람을 만나야 하는 세일즈에도 냉기(冷氣)가 몰아쳤다.

고객과의 약속이 취소되었고, 다음에 만나자는 기약 없는 약속으로 대체되었다. 코로나19가 장기화 되면서 수많은 세일즈맨이 힘들어하고 쓰러지기 시작했다.

이럴수록 정신을 차려야 했다. 쉽지 않았지만, 코로나19와 같은 외부적 원인으로 인한 어려움 속에서도 분명 내가 할 수 있는 무언가가 있으리라 생각했다.

나도 이렇게 힘든데, 나의 고객들은 더 힘들 수 있지 않을까. 고객들을 위로하고 응원해주고 싶었다.

어떻게 하면 고객들에게 힘이 되어줄 수 있을지 고민하다, 집에서 아내가 투덜거리며 저녁 준비하는 모습이 떠올랐다. 코로나 때문에 삼시 세끼를 집에서 해결하는 게 힘들었던 모양이다. 비단 이런 모습이 우리 집뿐이었겠는가. 곧바로 춘천으로 향했다.

춘천에 가면 꼭 들리는 닭갈비집에서 단체주문을 문의하고 사장님께 협조를 구했다.

"내일 편지와 고객 명단을 보내드릴 테니 택배에 함께 넣어 보내주세요."


편지의 내용은 이랬다.


**누군가의 아빠로서 누군가의 남편으로서**
**삼시 세끼 중 한 끼라도 걱정을 덜어드리고 싶은 마음을 담아**
**제가 좋아하는 닭갈비를 보내드립니다.**


**20년 전부터 춘천에 갈 일이 있으면 항상 들리는 곳입니다.**
**오늘은 닭갈비로 한 끼 해결하셨으면 합니다.**

**주훈 드림**


만만치 않은 비용이 들었다. 하지만 코로나19로 인해 위축된 고객들에게 작은 감동과 응원의 메시지를 줄 수 있다면, 그 생각만으로도 너무 행복했다.


선물로 닭갈비와 편지를 받은 고객들의 반응은 어땠을까?
가족 전체가 닭갈비를 함께 먹고 있는 사진. 아이가 택배 상자를 들고 해맑게 웃고 있는 사진. 닭갈비를 안주 삼아 술 한 잔 걸치고 있는 사진 등 행복이 묻어있는 사진과 함께 다양한 감사 메시지가 왔다.

그렇게 나는 고객들의 마음을 얻게 되었다.

> "사람의 마음을 얻는 것은
> 우주를 얻는 것과 같다."
> —이기주,《말의 품격》 중에서

앞서 후배에게 선물과 뇌물의 차이를 설명한 바 있다. 선물을 줄 때는 의도를 담지 말고 고객을 진심으로 생각하는 마음만을 담아야 한다.

누군가가 당신에게 백화점 상품권을 주었다고 치자. 당신은 그 상품권이 선물인지 뇌물인지 분별할 수 없겠는가? 누가 어떤 상황에 주었느냐에 따라 쉽게 분별할 수 있다. 고객도 마찬가지다. 의도가 담긴 선물에서는 악취가 난다. 하지만 마음이 담긴 선물은 향기가 나게 되어 있다.

고객에게 선물을 준비할 때 가장 중요한 것은 가격보다 가치와 의미가 전달되어야 한다는 것이다. '왜' 이것을 준비했고, 이것이 당신에게 어떤 '도움'이 될 수 있는지가 담겨야 한다.

여기에 예상하지 못한 것을 준비한다면 더할 나위 없을 것이다. 생일에 축하 메시지를 받거나 기프티콘을 받는 것은 쉽게 예상되는 상황이다. 하지만 코로나19로 인해 외식이 힘들어질 때 '닭갈비'를 받는 것은 쉽게 예상하지 못한다.

이렇게 예상하지 못한 선물은 더욱 큰 감동을 주게 된다.


선물은 마음의 표현이다. 표현이 과하면 독이 되지만, 따뜻한 마음이 담긴 선물은 상호 간의 신뢰를 높여주어 내게 더 큰 기쁨과 선물을 안겨준다.


> • 고객의 마음을 얻기 위한 선물의 3가지 조건
>
> ① 가격보다 가치와 의미가 전달되어야 한다.
>
> ② 예상하지 못한 것을 준비한다.
>
> ③ 의도를 담지 말고 고객을 진심으로 생각하는 마음을 담아야 한다.

## 06

# 스토리텔링으로 설득하라 I
## (진정성을 갖추었는가)

아이가 여섯 살 때의 일이다. 아이와 함께 놀이동산에 갔다. 그 놀이동산에는 아이들이 뛰어놀 수 있는 넓은 정글짐이 있는데, 워낙 뛰어노는 것을 좋아했기에 그곳을 자주 이용하곤 했다.

또래 아이들과 친구가 되어 정신없이 뛰어놀고 있는 것을 확인하고 잠시 화장실을 다녀오기 위해 자리를 비웠다. 잠시 후 다시 자리에 돌아왔는데 아이가 없었다. 근처 어딘가 있겠거니 생각하고 아이 이름을 부르며 찾아보았다. 그런데, 아이가 보이지 않았다.

그 순간부터 불길한 생각이 들기 시작했다. 아내는 놀이동산 출입구 쪽으로 달려갔고 나는 화장실부터 숨을 만한 곳을 다시 찾기 시작했다. 어디에도 아이는 보이지 않았다. 영화에서나 볼 법한 상황인 줄 알았는데, 그 두려움이 현실로 다가오는 듯했다.

매표소 직원에게 아이의 생김새와 어떤 옷을 입었는지 알려주었고 방송해 달라고 부탁했다. 너무 두려웠다. 아내는 당황해하며 울기 시작했고 나는 중심을 잡기 위해 계속 안간힘을 쓰고 있었다.

약 10분 정도의 시간이 지나고 옆 매표소에서 아이를 보호하고 있다는 소식을 들었다. 아내와 나는 당장 그곳으로 뛰어갔고 사탕을 먹으며 울고 있는 아이를 발견할 수 있었다. 엄마를 본 아이는 그때부터 더 크게 울기 시작했고 한참을 엄마 품에 안겨 흐느꼈다.


"어딜 함부로 막 돌아다녀! 그냥 거기서 놀고 있었어야지!"


마음에도 없는 말이 입 밖으로 튀어나왔다. 아이를 달래주기는커녕 화를 냈다. 불과 몇 분 전만 해도 아이만 찾을 수 있게 해달라고 마음속으로 기도했는데, 정작 아이를 만나니 화부터 내는 내 모습이 부끄러웠다. '아주 잠깐의 시간이었지만 엄마 아빠를 볼 수 없었던 아이는 얼마나 두려웠을까?' 하는 생각이 스쳤다. 아내와 아이가 진정하기 시작했고 나도 흥분을 가라앉혔다.


매주 금요일, 토요일이 되면 로또 명당에 줄을 서는 사람들을 보았을 것이다. 로또를 사는 사람들의 심리는 '뭔가 느낌이 좋아. 좋은 꿈을 꿨어. 내가 당첨될 수 있을 거 같아'라는 희망과 기대를 갖고 있다. 하지만 로또 당첨 확률은 욕조에서 넘어져 죽을 확률보다 10배 더 희박하고, 벼락에 맞아서 죽을 확률보다 2배 더 힘든 확률이다.

　로또 1등 당첨 확률 0.00000012277%, 암에 걸릴 확률 25%, 치매에 걸릴 확률 30%이지만, 노후를 맞이할 확률과 사망할 확률은 100%이다. 그런데도 '나는 암에 걸리지 않아. 나는 치매 걸릴 사람이 아니야. 노후 준비는 어떻게든 되겠지'라는 생각으로 리스크를 회피하려 하고 준비하지 않는다. 그리고 매주 토요일 로또 당첨 방송을 기다리면서 가능성 없는 희박한 희망을 꿈꾼다.


　'지나친 음주는 간경화나 간암을 일으키며, 운전이나 작업 중 사고 발생률을 높입니다.' 이런 음주 경고 문구를 본 적이 있을 것이다. '담배 연기에는 발암성 물질인 나프틸아민, 니켈, 벤젠, 비소, 카드뮴이 들어있습니다.' 이런 흡연 경고 문구도 본 적 있을 것이다. 그러나 사람들은 음주와 흡연 경고 문구를 보고 술과 담배를 끊어야겠다는 생각은 좀처럼 하지 않는다. 설득력이 없는 것이다. 그나마 요즘엔 담뱃갑에 자극적인 이미지와 문구를 삽입해서 금연 효과를 보고 있다니 다행이다.


　'성인 4명 중 1명이 암에 걸리고 60세 이후 치매가 시작됩니다.'


　'가장의 사망보험금이 5천만 원도 안 됩니다.'


　'국민연금 고갈, 노후 파산 현실이 됩니다.'

많은 세일즈맨이 통계 자료와 신문 기사를 인용해서 고객과 상담한다. 이런 멘트로 고객을 설득할 수 있을 거라 생각하는가? 이 내용이 모두 사실에 근거한다고 한들, 고객의 마음을 흔들지는 못한다.

그렇다면 어떻게 해야 하는 걸까? 해답은 '스토리텔링'이다. 기승전결의 구조를 갖춘 스토리텔링은 세일즈맨이 전달하고자 하는 메시지를 몰입감 있게 전달할 수 있으며, 설득력을 높이는 데 큰 도움을 준다.


고객과 생명보험에 대해 상담할 때는 '사망', '죽음'이라는 단어를 고객에게 얘기해야 한다. 간혹 재수 없다는 얘기를 듣기도 하고, 건강하게 오래 살고 싶은데 '사망'을 전제로 설명 듣는 것 자체를 불편해하는 고객도 있다. 이런 분들에게 '누구나 사람은 죽습니다' '교통사고로 하루에 몇 명이 사망합니다' 라는 얘기는 고객에게 더욱 안 좋은 인상을 줄 수 있다.


스토리텔링이 필요한 이유가 바로 여기에 있다. 정공법으로 상대방을 설득할 수도 있지만 우회해서 깨달음을 주게 되면 상대방은 조금 더 편안하게 받아들이고 이해하게 된다.

내가 놀이동산에서 아이를 찾아 헤맨 나의 경험을 고객들에게 이야기하는 이유가 무엇일까?


"고객님. 제 아이는 아주 잠시 엄마 아빠를 볼 수 없었던 것만으로도 정말 두려웠을 겁니다. 그런데 만약에 우리 아이가 평생 엄마 아빠를 볼 수 없다면 어떨 거 같으세요? 당연히 지금처럼 건강하게 아이의 곁에서 오랜 시간 함께 해주시겠지만 불의의 사고나 질병으로 먼저 아이 곁을 떠나시게 되면 아이는 길을 잃고 경제적 어둠에 헤매는 삶을 살 수 있습니다.

제가 권해드리는 프로그램이 엄마 아빠를 대신할 수는 없습니다. 기적을 만들어 내는 것도 아닙니다. 하지만 우리 아이가 성장할 때까지 지금과 같은 경제적 삶을 유지해 줄 수 있고, 재정적 빈자리를 느끼지 못하게 막아주는 안전장치라면 충분히 가치 있다고 생각하지 않으세요?"

"결정의 90%는 감성에 근거한다.
그러므로 설득을 시도하려면 감성을 지배해야만 한다."
—리버만

진정성이 담긴 나의 스토리는 어떠한 통계나 신문 기사보다 더 강력한 힘을 발휘하게 된다. 이성보다는 감성이 필요한 순간, 고객에게 전달하고자 하는 핵심을 스토리에 담아 전달해보라. 거기에 재미와 감동 그리고 깨달음까지 줄 수 있다면, 더할 나위 없다.

아마 그땐 들을 수 있을 것이다.
굳게 닫혀 있던 마음의 빗장이 스르르 열리는 소리를.

# 07

# 스토리텔링으로 설득하라 Ⅱ

(기승전결을 갖추었는가)

1991년 사과 생산지로 유명한 일본 아이모리현에 큰 태풍이 불어 닥쳤다. 이 피해로 수확을 앞둔 사과의 90%가 떨어졌다. 피와 땀으로 일군 한 해 농사가 태풍으로 인해 망하게 된 것이다.

많은 농부가 깊은 시름에 빠졌다. 그러나 그때, 땅에 떨어진 90%에 집중하지 않고 나무에 매달려 있는 10%의 사과에 주목한 농부가 있었다.

'거센 비바람을 이겨내고 견딘 이 사과는 분명 행운과 기적의 상징일 거야.' 농부는 그 사과에 '합격 사과'라는 이름을 붙여 시장에 내놓았다. 마침 사과 수확 시기인 10월과 고등학교 3학년 수험생들의 대학입시 시기가 맞았기에 합격 사과는 10배나 높은 가격임에도 불구하고 불티나게 팔렸다.

이처럼 같은 제품에 어떤 스토리가 담겨 있는지, 어떤 의미가 담겨 있는지에 따라 가치는 천지 차이가 된다.

스토리텔링은 '기승전결'의 구조를 갖추어야 한다.

조금 더 자세히 설명하면 '기(起)'는 스토리의 배경과 상황을 설명하는 단계이다. 위에서 예를 든 합격 사과의 배경은 일본 아이모리현에 큰 태풍이 불어닥쳤다는 것이다. 다음 '승(承)'은 상황 및 위기에 대한 설명이다. 태풍으로 인해 90%의 사과가 떨어졌고 농부들이 시름에 빠진 상황을 설명했다. '전(轉)'은 위기를 극복하는 과정이다. 나무에 매달려 있는 10%의 사과를 보고 '합격 사과'라는 이름을 붙여 위기를 극복하는 과정을 설명했다. 마지막으로 '결(結)'에서는 10배나 높은 가격으로 판매하여 위기를 극복한 결과 및 변화에 대한 설명이다.

스토리텔링은 구조적으로 형식을 잘 갖춰야 몰입감과 설득력을 높일 수 있다. 단, 아무리 구조적으로 잘 짜인 스토리텔링이라도 고객에게 공감을 얻지 못하고 이해시키지 못하면 말짱 도루묵이다.

이때 필요한 핵심 요소가 하나 있다. 바로 고객을 주인공으로 등장시키는 것이다.

"고객님께서 회사를 그만두고 귀농한다고 가정하겠습니다. 그럼 농사를 지으셔야겠죠? 마침 사과 농사가 괜찮다는 지인의 조언을 듣고 사과 농사를 시작했습니다. 열심히 땅을 일구고 나무를 심고 물을 주고 애지중지 사과를 키

웠습니다. 그런데 수확 시기가 다 될 무렵 지독한 태풍이 몰아닥친 겁니다. 그래서 90%의 사과를 버리게 되었습니다. 이런 상황이라면 고객님은 어떨 거 같으세요?"

"생각만 해도 굉장히 절망적일 거 같은데요."

"맞습니다. 굉장히 절망적인 상황일 텐데요. 지금 제가 고객님께 말씀드린 상황이 실제로 1991년 일본 아이모리현에서 일어났습니다… (생략)"

이처럼 스토리텔링 도입 부분에 고객을 주인공으로 등장시키면 고객은 남의 얘기가 아닌 본인의 상황으로 받아들이게 된다. 그래서 더욱 쉽게 공감을 얻을 수 있고 이해시킬 수 있는 것이다.

20, 30대 미혼 고객을 만나면 보험 상품에 회의적인 시각이 많다. 본인들의 월급을 갉아먹는 불필요한 지출이라 생각하는 것이다. '그래도 보험 하나쯤은 있어야 한다'라는 생각을 하는 고객을 만나면 다행이겠지만, 회의적인 생각을 하는 고객을 설득하기 위해서는 적절한 스토리텔링으로 니즈를 불러일으켜야 한다.

갑작스럽게 중대한 사고를 당해 당신이 응급실에 실려 갔다. 정신을 차려보니 간호사가 당신에게 질문한다. "환자분, 보호자가 어떻게 되세요?" 당신의 보호자는 누구인가? 배우자 또는 부모님이라 답할 것이다.

그 후로 여러 차례 수술을 받고 오랜 시간 병원 신세를 지게 되었다. 어느 정도 몸이 회복될 무렵 담당 간호사가 들어왔다. 그리고 종이 한 장을 건네면서 중간 수납을 해야 한다고 말한다. 감당할 수 없는 병원비를 본 순간 정신이 번쩍 든다.

이럴 때 당신의 보호자는 어떻게 할 것 같은가? 아마도 수단과 방법을 가리지 않고 병원비를 마련할 것이다. 대출을 받을 수도 있을 것이고, 지인에게 아쉬운 소리를 할 수도 있다. 사랑하는 사람의 목숨보다 더 소중한 것은 없기 때문이다.

상황을 바꿔보자. 당신의 보호자도 있지만, 당신도 누군가의 보호자다. 부모님의 보호자이자 배우자의 보호자, 자녀들의 보호자다. 당신도 마찬가지로 사랑하는 누군가가 사고나 질병으로 고생하고 있다면 어떻게든 병원비를 마련할 것이다. 그리고 더 열심히 경제 활동을 하면서 대출을 상환하고 지인에게 빌린 병원비를 갚아 나갈 것이다.

그런데, 만약 당신이 경제 활동 능력을 상실하게 된다면 대안이 있는가? 대안이 없다면 당신은 누군가의 보호자 역할을 끝까지 할 수 없게 된다. 이런 일이 당신에게 일어나지 않을 거 같은가? 이런 일은 단순히 남의 얘기 같은가? 환자들에게 물어보아라. "사고 나실 줄, 질병에 걸리실 줄 아셨어요?" 모든 환자가 답할 것이다. "내게 이런 일이 일어날 줄 몰랐어요"라고.

"고객님, 보험을 준비한다고 해서 사고를 피할 수 있는 것도 아니고, 질병에 걸리지 않는 것도 아닙니다. 하지만 그 상황이 현실로 다가왔을 때 최소한의 대안이 될 수는 있습니다. 지금부터 제가 안내해드리는 내용을 10분 정도 집중해서 들어주세요."

고객을 주인공화 하는 스토리텔링은 세일즈맨의 얘기에 더욱 집중하게 만들고, 공감을 불러일으키게 한다. 단순히 리스크를 해지(hedge)하는 수단으로 보험을 바라보지 않고, 보호자로서의 역할까지 생각하게 되기 때문에 더욱 특별한 의미를 담아 보험을 준비하게 되는 것이다.

요목조목 논리적으로 설명하는 것도 때에 따라 필요하겠지만, 기본적으로 위대한 세일즈맨들은 모두 스토리텔링의 달인들이다. 상품이나 프로그램의 항목을 읽지 말고, 상황을 그리며 스토리텔링으로 전달하라.

특히 구조적으로 기승전결이 잘 갖추어진 스토리텔링은, 전달하고자 하는 메시지를 명확하고 쉽게 이해시킬 수 있는 좋은 수단이 된다.

여기에 더해, 고객을 주인공으로 등장시키면 감성적으로 몰입감과 공감을 불러일으키는 데 더 효과적이다.

08

# 조언이 아닌 공감이 우선이다

세일즈를 기반으로 하는 회사들은 다양한 프로모션이 있다. 보험회사에는 '3W'라는 프로모션이 있는데, 매주 3건 이상의 계약을 하는 것을 '3W'라고 한다. 이것을 50주 연속하게 되면 시상금과 승급에 가산점을 부여받게 된다.

'3W'를 50주 연속으로 한다는 것은 성실함의 지표이자 업계에서 인정받을 수 있는 커리어로 통한다. 이 때문에 많은 세일즈맨이 목표로 삼는 것 중 하나이다. 하지만 입사 초에는 '3W'를 한 주 하는 것도 힘든데, 이것을 50주 연속으로 한다는 것은 굉장히 힘든 일이고, 내게는 불가능한 일처럼 느껴졌다.

세일즈를 시작하고 처음 3년은 인생에 있어 가장 힘든 시간의 연속이었다. 그간 살아온 인생을 돌아볼 수 있는 시간이었고, 의도하지 않았지만 주변 사람들이 정리되는 시간이었다. 수많은 거절과 냉대로 인해 자존심에 큰 상처를 입었고, 가만히 있어도 눈물이 날 정도로 자존감이 땅에 떨어졌었다.

3년이라는 인고의 시간을 버티고 버티다 보니 주변 지인들이 하나둘씩 나를 먼저 찾아주었다. 기존 고객들도 본인들의 가족과 지인들을 먼저 소개해주기 시작했다. 고객과의 상담은 만족스러운 결과로 이어졌고 자연스레 다시 소개로 이어지는 선순환의 고리가 되었다.

불가능하리라 생각했던 '3W'를 50주, 100주, 150주 연속으로 달성하였다. 기적과도 같은 일이었다.

'3W' 150주를 달성했을 때는 회사로부터 큰 시상금을 받았다. 감사한 고객들에게 선물도 하고, 묵묵히 응원해 준 가족들에게도 무언가 보답하고 싶었다. 일식집을 예약하고 처가 식구들을 초대했다.

맛있는 음식을 먹으며 오랜만에 즐겁고 여유 있는 시간을 보내고 있었다. 그때 맞은편에 앉아 계셨던 장모님이 술잔을 들고 내 옆으로 오셨다. 그리고 소주를 한잔 따라주시면서 말씀하셨다.

"연준 아빠 너무 고생했어. 나는 연준 아빠만 생각하면 너무 마음이 아픈데, 정작 본인은 얼마나 힘들었겠어… 너무 애썼어, 너무 고생했어…"

장모님의 따뜻한 말 한마디는, 그동안 감추고 있었지만 한껏 움츠러들었

조언이 아닌 공감이 우선이다

던 내 마음을 녹여주기에 충분했다. 순간 참고 있던 응어리가 풀어지면서 내 의지와 상관없이 눈물이 터지고 말았다. 눈물을 멈출 수가 없었다.

식사 자리는 한순간 숙연한 분위기로 바뀌었다. 가족들 앞에서 폭풍 눈물을 보여 창피했지만 한참 동안 눈물을 흘리고 난 후에야 진정할 수 있었다. '연준 아빠만 생각하면 너무 마음이 아픈데…'라는 장모님의 따뜻한 말 한마디는 아직까지 내게 큰 위로와 격려가 되어주고 있다.

왜 장모님의 말 한마디가 내게 큰 위로가 될 수 있었을까? 무엇이 내 마음을 흔들었고, 치유해 주었을까? 곰곰이 생각해 봤다. 한참을 생각한 끝에 찾아낸 핵심은 바로 '공감'이었다. 장모님의 말에는 나의 수고를 알고 있고 나를 응원한다는 공감의 메시지가 담겨 있었다.

세일즈맨은 사람에 대한 상처를 받기 십상이다. 하지만 그 상처를 매번 겉으로 표출하거나 지인들에게 얘기하지 못한다. 특히 가족에게는 더욱 얘기하지 못한다. 불필요한 걱정을 끼칠 수도 있고 마음 아파할 수 있기에 세일즈맨들은 상처에 자물쇠를 채워서 마음 한편에 묶어둔다. 그러다 보니 가끔은 숨겨놓은 상처가 곪아서 터지기도 하고 그로 인해 더 아파하기도 한다. 그런 깊이 숨겨둔 내 상처를 장모님이 끄집어내어 공감으로 치유해 준 것이다.

진정으로 공감해 줄 때 우리는 위로를 얻고 희망을 보게 된다.

그 일이 있고 난 이후, 난 더욱더 누군가와 대화할 때 진심으로 공감하기 위해 노력한다. 상대방에게 좋은 일이 생기면 "제가 이렇게 얘기만 들어도 너무 기분 좋은데, 얼마나 기분 좋으시겠어요!", 안 좋은 일이 생기면 "제가 이렇게 얘기만 들어도 너무 속상하고 힘든데, 얼마나 힘드시겠어요!"라고 마음을 담아 전한다.

오랜 시간 고객들과 함께 하다 보면 고객들의 여러 상황을 듣게 된다. 재정 문제, 가정 문제, 자녀 문제 등등. 간혹 이런 얘기를 접하면 문제를 해결해 주려는 세일즈맨이 있다. 만능 해결사처럼 문제를 해결해 줄 수 있다면 좋겠지만, 이런 문제들이 어찌 쉽게 해결될 수 있을까?

고객들이 이런 얘기를 하는 것은 우리에게 솔루션을 원하는 것이 아니다. 진정으로 고객의 상황을 이해하고 공감하고 따뜻한 말 한마디 건네는 것만으로도 충분하다.

때로는 해결보다 공감이 더 큰 힘을 발휘한다.
누군가에게 힘이 되고 싶다면,
모든 위로는 '공감'에서 시작된다는 것을 명심하자.

조언이 아닌 공감이 우선이다

# 4장

---

## 영업의 비밀 Ⅱ : 신뢰의 힘

# 01

# 선택할 것인가, 선택되어질 것인가

많은 사람이 세일즈맨을 '을'이라고 생각한다. 안타까운 것은 세일즈맨들도 본인을 '을'이라고 생각하는 사람이 많다. 고객에게 선택되어야 하고 무언가를 팔아야만 하는 입장이다 보니 그렇게 생각할 수도 있다.

하지만 나는 항상 '갑'과 '을'의 관계가 아닌 고객과 동등한 관계라고 생각하며 일했다. 내가 '을'이 될 필요가 없는 것처럼 '갑'이 될 필요도 없는 것이다.

일회성 판매로 종료되는 세일즈도 있지만, 대부분의 세일즈는 고객과 지속적인 접점이 필요하다. 병원을 운영하는 고객에게는 매년 1~2번 정도 방문하며 무엇을 도와줄 수 있을까 고민하고, 원하는 게 무엇인지도 파악한다. 법인을 운영하는 고객에게도 정기적으로 방문하면서 법인 운영 시 필요한 각종 정보를 제공하고 도움 줄 수 있는 게 무엇이 있는지 파악한다.

그런데 만약, 고객이 보기 싫고 인격적으로 존경할 수 있는 대상이 아니라면 이렇게 매번 찾아갈 수 있을까? 한두 번은 세일즈를 위해 눈 딱 감고 갈 수 있겠지만 지속적인 방문은 자신 없다.

고객이 나를 선택하는 것처럼, 나도 고객을 선택해야 한다고 생각한 이유이다.

어느 날 후배가 나를 찾아왔다. 병원을 운영하는 가망고객이 있는데 상담을 같이 가 줄 수 있느냐는 부탁이었다. 후배가 혼자 세 번 정도 찾아가서 상담했지만 성과가 없었던 모양이다. 물론 내가 간다고 특별한 성과가 나오는 것은 아니겠지만 후배의 부탁을 모른 척할 수 없었다.

며칠 후 후배와 함께 그 병원을 방문했다. 그런데, 병원에 환자도 별로 없고 분위기가 어두웠다. 세일즈맨 입장이 아니라 환자 입장에서 봤을 때 이 병원에 오고 싶지 않다는 느낌을 받았다. 그때 이미 후배의 손을 잡고 나가고 싶었지만, 선배로서 무언가를 보여줘야 한다는 압박감에 정신을 가다듬었다.

잠시 후 간호사의 안내로 원장실에 들어갔다. 인사를 하고 명함을 건넸다. 고객은 내 명함을 쓱 보더니 책상 한 모퉁이 폐지 뭉치 위에 '툭' 하고 올려놓았다. 당신의 명함은 폐지와도 같다는 신호를 준 것이다. 색다른 경험이었다. 그러더니 쌀쌀한 어투로 얘기했다.

"계속 저를 찾아오는데, 대체 말하고자 하는 요지가 뭐에요?"

기분이 좋지 않았지만 침착하게 마음을 추스르고 병원을 운영하는 원장님들을 위한 프로그램을 설명하였다. 2~3분 정도 짧은 시간의 설명이었지만, 그는 제대로 듣지도 않고 핸드폰을 만지작거리며 무관심을 표현했다. 더 이상의 미팅은 나와 후배, 그리고 상대방에게도 무의미하다는 판단이 들어 준비한 자료를 덮었다.

환자들은 수많은 병원 중의 한 곳을 선택한다. 그리고 의사와 병원을 평가한다. 평가가 좋지 않으면 다른 병원을 선택하면 그만이다. 재정적으로 병원 운영이 잘 되기 위해서는 의사도 환자들의 선택을 받아야만 하는 처지다. 그런데 그들도 사람이기에 진료하기 싫은 환자들이 있을 수 있지 않은가. 하지만 현행 의료법상 정당한 사유 없이 환자의 진료 요청을 거부할 수 없다고 규정하고 있다. 즉, 의사가 타당한 이유 없이 환자를 보기 싫다고 돌려보낼 수는 없다.

세일즈맨들도 고객의 선택을 받아야만 한다. 고객이 유능한 세일즈맨을 선택하는 것은 지극히 당연한 일이기에, 고객에게 더 많은 선택을 받기 위해 세일즈맨들은 수많은 노력과 시간을 투자한다.

하지만 고객으로 관리하고 싶지 않은 상대가 앞에 있다면 어떻게 하겠는가? 간단하다. 그럴 땐 고객으로 삼지 않으면 된다. 성과를 내지 못한 아쉬움은 있겠지만, 법적인 제재를 받거나 직업윤리에 어긋나는 것도 아니다. 고객이 유능한 세일즈맨을 선택하듯, 세일즈맨도 좋은 고객을 선택해야 한다.

나와 후배에게 무례하게 행동한 그에게 정중하게 고객으로 모시지 않겠다고 말하고 병원을 나왔다. 병원을 나오자마자 후배는 나에게 죄송하다는 말을 반복했다. 후배가 잘못한 것은 없었지만 후배가 놓치고 있었던 것을 얘기해주고 싶었다.

"많은 고객을 모시는 것을 목표로 하기보다 좋은 고객을 모시는 게 더 중요하다. 고객에게 '을'의 입장으로 얘기하지 말고 동등한 입장에서 당당하게 얘기해야 하고, 서로를 존중할 수 있는 관계가 되어야 한다. 분명 너를 좋아하고 네가 잘되길 바라는 고객이 있으니 그 고객을 찾고 그들에게 최선을 다하는 것이 네가 해야 할 일이다."

세일즈맨은 고객에게 끌려다니면 안 된다. 고객이 좋은 선택을 할 수 있도록, 고객이 더 나은 삶을 영위할 수 있도록 앞에서 이끌어야 한다.

세일즈맨이 고객에게 선택되는 것은 감사한 일이지만, 세일즈맨도 고객을 선택할 수 있는 능력과 자신감을 갖추어야 한다. 그래야 고객도 세일즈맨을 신뢰할 수 있고 서로 오랫동안 좋은 관계를 유지할 수 있다.

고객이 계약서에 서명하는 순간 세일즈맨의 역할은 끝이 아니라 시작에 불과하다. 그러니 반드시 고객이 서명하기 전에 자신에게 질문을 던져보아야 한다.

**내가 이 고객을 진심으로 좋아하는가?**

**이 고객이 잘되길 진심으로 바라는가?**

위 질문에 선뜻 답 하지 못한다면,
고객으로 모시지 않는 게 서로를 위한 길이다.

02

# 나는 최고의 세일즈맨이다

초등학생 시절 나는 학습 능력이 좋지 않은 아이였다. 공부를 잘하지도 못했고, 숫기도 없었기에 친구들 앞에 잘 나서지 못했다. 또래 친구들보다 운동신경이 조금 좋았을 뿐 지극히 평범함을 지향하는 아이였다.

초등학교 5학년 1학기가 끝날 무렵이었다. 청소 당번이었던 나는 담임선생님에게 청소 보고를 하러 갔다. 그때 선생님은 음료수를 하나 건네며 이렇게 얘기하셨다.

"훈이야. 너는 운동도 잘하고 친구들에게 인기도 많으니까, 이제 공부만 조금 잘하면 완벽해지겠다. 2학기 때는 더 완벽한 남자가 되어보자!"

초등학생 시절 선생님께 처음 들어본 칭찬이었다. 어찌 보면 칭찬이라기보다 격려에 더 가까웠지만, 내게는 엄청난 희망의 메시지였다. 공부를 조금 더 잘하면 나도 완벽해질 수 있다니, 정말 가슴이 설렜다.

선생님의 말씀 한마디에 나의 학습 능력이 하루아침에 올라가진 않았다. 하지만 그때부터 나도 할 수 있다는 자신감을 갖게 되었다. 그리고 6학년이 되면서 자신감의 꽃이 피기 시작했다. 중하위권이었던 성적은 상위권으로 올라갔고, 반장이 되면서 숫기 없는 성격도 나아지기 시작했다. '나도 할 수 있고, 나도 될 수 있다!'라는 생각을 처음으로 갖게 해준 담임 선생님의 말 한마디는 30년이 지난 지금도 내 삶에 가장 큰 동기부여가 되어주고 있다.

컬럼비아 대학의 심리학자 드웩(Carol Dweck)교수는 "내 지능은 내가 어떻게 바라보느냐에 따라 고무줄처럼 줄기도 하고 늘어나기도 한다"라고 말했다. 백인 학생들에게 시험 직전 "지금 우리가 치러는 시험의 과거 성적을 보면 동양인이 백인들보다 점수가 좋았다"라고 말하면, 백인들의 성적이 평소보다 정말 떨어진다는 것이다.

또 다른 예도 있다. 미국의 한 고등학생이 있었다. 그는 게으르고 공부를 못하는 낙제생이었다. SAT(Scholastic Aptitude Test, 미국 대학 입학 자격시험)를 준비하지 않았고 당연히 공부도 하지 않았다. 하지만 엄마를 위해 시험을 봤다

SAT는 1,600점이 만점이다. 그런데 그 낙제생의 점수가 1,480점으로 나왔다. 그건 믿을 수 없을 정도로 아주 높은 점수였다. 시험을 보기 위해 공부를

한 것도 아니었지만, 부정행위를 한 것도 아니었다. 그는 그 일을 계기로 자신이 똑똑하다는 것을 깨닫게 되었다.

그 뒤로는 SAT 1,480점을 맞은 학생들처럼 행동하기로 결심했다. 모든 수업에 성실하게 참여하고, 열심히 공부했다. 게으른 친구들과 어울리는 것도 멀리했다. 그는 점점 나아지기 시작했고, 좋은 성적으로 고등학교를 졸업 후 아이비리그로 진학했다. 그리고 대학 졸업 후에는 매거진 사업가로 크게 성공하게 된다.

12년 후 그는 프린스턴 대학으로부터 메일을 한 통 받게 된다. 그가 SAT 시험을 봤던 그해에 잘못된 점수를 받은 학생 13명 중 한 명이라는 내용이었다. 그의 실제 점수는 1,480점이 아니라 740점이었다.
하지만 그는 이렇게 얘기했다.

"사람들은 내가 1,480점을 받아서 인생이 바뀌었다고 생각한다. 하지만 1,480점을 받은 것처럼 행동하기 시작했을 때 내 인생은 변화하기 시작했다."

30년 전, 초등학교 5학년 때 담임선생님은 초라하게 생각했던 내 모습을 더 높게 바라봐 주었다. 그로 인해 나 자신을 한 층 더 높게 바라볼 기회를 얻게 되었다.

이처럼 세일즈맨도 본인을 어떻게 바라보느냐에 따라 세일즈 성과는 크게 달라진다. '나는 고객에게 도움을 주는 사람이고 그로 인해 더 크게 성장할 것이다'라는 생각으로 활동하는 사람과 '오늘 내가 이 상품을 팔 수 있을까? 하나라도 팔아야 하는데'라는 생각으로 활동하는 사람은 분명 확연한 성과의 차이를 경험하게 된다.

'생각이 보인다'라는 말의 의미는 우리가 주변에서 흔히 경험할 수 있다. 일상생활 속에서도 '저 사람은 좋은 사람 같아', '저 사람은 우울해 보여', '저 사람은 살기(殺氣)가 느껴져'라는 말도 심심찮게 들을 수 있다. 겉모습으로 인한 편향적 생각일 수도 있지만, 우리는 느끼는 존재이기 때문에 상대방의 생각을 본능적으로 느끼고 볼 수 있다.

물론, 세일즈맨이 어떤 생각을 하는지, 고객도 느낄 수 있고 볼 수 있다. '이 세일즈맨은 나를 도와주려 하는구나!', '이 상품이 정말 좋아서 추천하는구나!' 이런 느낌을 주는 것 역시 결국은 세일즈맨의 생각에서 비롯된다.

세일즈를 하다 보면 고객들의 차가운 반응과 거절로 인해 많은 상처를 받게 된다. 그럴 때면 자연스레 주눅이 들고 원활한 활동을 하기도 쉽지 않다. 결과도 좋지 않게 된다.

그렇기 때문에 세일즈맨은 본인의 역량을 크고 높게 바라보는 연습을 해야한다. '나는 최고의 세일즈맨이다. 내가 가장 도움을 줄 수 있는 세일즈맨이다. 고객들은 나를 신뢰할 것이다.' 계속해서 이런 시선으로 본인을 바라봐야한다.

이런 생각을 계속하다 보면 거만해지는 거 아니냐고?

걱정하지 마라.

세일즈맨이 거만해지면 그 모습 또한 상대방에게 보이기 때문에

거만해질 겨를이 없을 것이다.

# 시간, 영업자의 목숨

평소와 마찬가지로 조금 일찍 약속 장소에 도착했다. 그런데, 고객이 먼저 나와 있는 게 아닌가. 순간 약속 시간을 착각한 건 아닌지 걱정하며 시계를 살펴봤다. 분명 약속 시간은 아직 30분이나 남아있었다.

"고객님. 저는 약속 시간보다 조금 일찍 도착하는 편인데, 고객님은 왜 이렇게 일찍 오셨어요?"

"주훈 님을 뵙기 전에 1시간 일찍 누군가와 약속을 했는데, 그분이 40분 정도 늦게 온다고 해서 기다리고 있었습니다. 그런데, 그분은 만날 필요 없을 거 같네요."

사실은 이러했다. 이 고객은 SNS에서 우연히 나를 알게 되어 상담을 요청했는데, 상품을 비교하기 위해 다른 회사에 근무하는 세일즈맨에게도 상담을 요청했다. 그런데 그 세일즈맨이 약속을 어긴 것이다. 결국, 고객은 상품을 비교하지도 않고 나를 선택했다.

'코리안 타임'이라는 말이 있다. 한국 전쟁 당시 주한 미군이 한국인과 약속을 했는데 약속 시간보다 늦게 나오는 한국인을 좋지 않게 생각하여 '한국인은 약속 시간에 늦게 도착한다. 이것이 한국인의 시간관이다'라고 하여 생겨난 말이다.

한국인을 비하하는 발언이 기분 좋지는 않지만 이러한 습관은 아직도 한국 사회의 고질병으로 남아있다.

2018년 6월 미국에서 강의할 일이 있었다. 행사 전날 리허설을 위해 수많은 강연사가 모였다. 나를 포함한 한국인 강연사들이 3명 초청되었는데, 리허설 시작 시간이 다 되었음에도 불구하고 한국인 강연사 2명이 오지 않았다. 내가 한국 강연사 대표는 아니었지만 기다리는 동안 마음이 불편했다.

리허설 시간 정시가 되자 헐레벌떡 강연사 2명이 뛰어 들어왔다. 그들이 늦지 않아서 다행이라 생각하던 차에, 리허설 관계자가 웃으며 다가왔다. 그리고 이렇게 얘기했다. "On time is late!" 정시에 도착했으면 시간을 잘 지켰다고 생각하는 우리의 관념과는 아주 달랐다.

4장 영업의 비밀 II : 신뢰의 힘

나는 항상 고객과의 약속 시간 20~30분 전에 도착하는 것을 기본으로 한다. 약속 시간 정시에 맞춰 가는 것보다 훨씬 더 많은 장점이 있기 때문이다. 그 장점은 세 가지로 압축해 볼 수 있다.

### ① 교통 혼잡 및 우발상황에 대처할 수 있다

입사 초, 자가용을 타고 고객을 만나러 가는 길이었다. 올림픽대로에 진입했는데 갑자기 '펑' 하는 소리가 들렸다. 계기판에서 경고 문구와 함께 차량의 중심이 한쪽으로 기울어지는 듯한 느낌을 받았다. 갓길에 정차하고 타이어를 살펴보니 펑크가 나서 운행이 불가한 상태였다. 굉장히 당황스러웠다.

곧바로 보험사 긴급출동을 불렀고 가까운 타이어 가게로 견인되어 갔다. 30~40분 정도 불필요한 시간이 소요되었지만, 고객과의 약속 시각에 늦지 않게 도착할 수 있었다.

그리고 고객에게 이렇게 얘기하며 상담을 시작했다.

"갑작스럽게 타이어에 펑크가 난 것처럼, 인생도 계획대로 되지 않습니다. 그래서 항상 대비책이 필요합니다. 오늘 고객님께 좋은 대비책을 안내해 드리겠습니다."

## ② 여유 있는 시간을 갖게 된다

내 서류 가방에는 신문과 책이 항상 준비되어 있다. 약속 장소에 도착하면 숨을 돌리며 신문과 책을 보는 것이 루틴이 되었다.

생각해보자. 신문과 책을 보며 앉아 있는 세일즈맨이 있고, 핸드폰으로 게임을 하거나 연예 기사를 읽는 세일즈맨이 있다. 당신은 과연 어떤 세일즈맨에게 더 신뢰를 보낼 수 있겠는가?

또한 여유 있는 시간은 고객과의 상담을 어떻게 진행할지 차분히 생각하고 준비할 수 있게 해준다. 이런 시간을 통해 고객과 상담의 질을 높일 수 있으며, 좋은 결과를 얻을 확률도 높아진다.

## ③ 고객에게 신뢰감을 줄 수 있다

시간 약속을 잘 지키는 것이 사소하게 보일 수 있다. 그러나 사소한 약속을 잘 지키는 사람은 다른 약속도 잘 지킬 것이라는 신뢰감을 준다. 무형의 상품과 서비스를 판매하는 세일즈맨은 더더욱 고객에게 신뢰감을 주어야 한다. 세일즈맨의 이미지가 곧 상품과 서비스 신뢰도까지 직결되기 때문이다.

우리는 삶을 살아가면서 수많은 약속을 한다. 가족과의 약속, 친구와의 약속, 고객과의 약속 등 다른 사람과 어떻게 무엇을 할 것인가를 정한다. 특히 약속 중에서도 시간 약속을 가장 많이 하게 된다.

약속은 약속의 주체가 있다. 자기 자신과의 약속을 지키지 못했다고 해서

남에게 피해를 주지는 않지만, 다른 사람과의 약속을 지키지 않을 때는 남에게 시간적, 금전적 피해를 주게 된다. 결정적으로 신뢰를 잃게 되기에 관계가 더 발전될 일은 없다.

**약속 시간에 늦는 사람하고는 동업하지 말거라.**
**시간 약속을 지키지 않는 사람은 모든 약속을 지키지 않는다.**

스노우폭스 김승호 회장의 책《좋은 아빠》에 나오는 얘기다.

시간 약속을 잘 지킨다는 것은 상대방의 시간을 소중하게 생각한다는 존중의 표현이며, 고객에게 신뢰를 보여주고자 하는 세일즈맨의 의지 표출이기도 하다.

옛말에 하나를 보면 열을 안다고 했다.

이런 사소해 보일 수 있는 것의 차이가 진짜 위대한 세일즈맨을 만든다.

## 04

# 절대, 단점을 숨기지 마라

보험 상품은 대표적인 무형의 상품이다. 종이에 보장내용이 인쇄된 게 전부이다. 자동차의 경우는 대표적인 유형의 상품이다. 외관이 멋있고 내구성이 좋고 브랜드 이미지가 괜찮으면 고객은 구매를 결정할 수 있다. 눈으로 직접 확인할 수 있으니 의심의 여지가 없는 것이다.

그런데 무형의 상품은 의심스럽다. 내게 무슨 일이 있을 때 제대로 보험금을 지급할까? 수령 시기가 되었을 때 약속된 연금을 지급할까? 도움이 필요할 때 서비스를 제대로 받을 수 있을까? 지금 당장 확인할 수 없으니 세일즈맨이 상품에 대해 좋은 얘기를 해도, 고객은 반대로 의구심이 점점 증폭된다.

내가 고등학생이었을 때는 독서실에서 공부하며 라디오 프로그램을 듣는 것이 유행이었다. 라디오 DJ들의 멋진 음성과 음색은 감수성이 예민한 학생들에게 큰 위로이자 힘이 되어주기에 충분했다.

그날도 여느 때와 같이 라디오를 들으며 공부하던 중이었다. 그런데 라디오에서 좀처럼 듣기 어려운 음성을 가진 한 여성 게스트가 출연했다. 그녀의 목소리는 허스키하다 못해 쉰소리가 났다. 평소 상상해온 여학생의 청순한 이미지와는 전혀 다른 걸걸한 입담까지 갖추고 있었다. 또한 TV에 출연하는 사람들은 모두 잘생기고 예쁠 거라 생각했는데, 그녀의 TV 출연은 파격 그 자체였다.

네모난 얼굴, 특유의 재치와 입담으로 그 당시 연예계를 평정한 그녀의 이름은 바로 '박경림'이다.

꾸밈을 통해 예쁘게 보이려 했던 다른 연예인과는 달리 그녀는 솔직하고 당당한 모습으로 본인의 단점을 극복했다. 성대결절로 인한 특이한 목소리와 네모난 얼굴이 누군가에는 단점이 될 수 있었겠지만, 오히려 특징으로 승화시켰다.

2001년 그녀는 결국 여성 예능인 최초로 방송 연예 대상을 받았다. 아마 본인의 단점을 숨기려 하고 꾸미려 했다면 이처럼 많은 인기를 얻진 못했을 것이다.

사람이 그렇듯 모든 상품도 장단점이 있다. 성능은 좋은데 가격이 비싸고, 가격은 저렴한데 내구성이 약하고, 보험료는 저렴한데 갱신형이고, 보장은 좋은데 보험료는 비싸다. 고객 또한 모두 알고 있는 사실이다. 고객은 세일즈맨보다 더 현명하고 객관적이고 높은 곳에서 보고 있다고 생각해야 한다.

단점을 숨기려 하면 안 된다.

나는 고객들에게 세일즈하는 상품에 대한 단점을 솔직하게 얘기한다.


"사장님, 일반적인 연금은 금리 또는 펀드 운용 수익률에 따라 연금액이 변동됩니다. 금리가 높거나 운용 수익률이 높으면 연금액이 높아지겠지만, 반대의 경우는 연금액이 줄어들게 설계되어 있습니다. 하지만 이 상품은 국내에서 유일하게 노후 연금액을 확정적으로 지급하는 상품입니다. 그래서 노후에 연금을 얼마 받으실지 걱정하실 필요 없이, 확정된 연금액을 지급합니다. 단점을 말씀드리자면, 확정 노후 연금액을 보증해드리기 때문에 다른 상품보다 수수료가 조금 높다는 점입니다."


이렇게 안내하면 고객은 대부분 이런 반응이다.


"연금액을 확정적으로 지급하니 수수료가 높은 건 당연히 받아들여야죠."


고객에게 상품의 단점을 얘기하면 구입하지 않을 것으로 생각하는 세일즈맨이 많다. 하지만 잘 판단해야 한다. 수수료가 높다는 것을 감추었는데, 나중에 고객이 알게 됐을 때 느낄 배신감과 서운한 감정이 세일즈맨과 고객 사이의 관계에 더 위험한 요소가 된다. 더욱이 내가 경험한 바로는 먼저 밝힌 단점은 오히려 장점을 부각시키고, 고객의 합리적 선택을 도와주는 촉매제 역할을 해주었다.

다음은, 자동차 매장 딜러가 차에 관해 소개해주고 있는 상황이다.

"고객님 이 차는 매스컴에서도 보셨듯이, 정말 안전한 차량입니다. 어떤 상황에서도 운전자와 가족들의 안전을 책임질 수 있습니다. 그런데, 워낙 튼튼하게 만들다 보니 연비는 다른 차에 비해 약간 떨어집니다."

딜러의 얘기에 당신은 어떤 반응을 보일 것인가?
나의 반응은 이랬다.

"안전을 위해서라면 연비가 안 좋은 건 감안해야죠."

다시 말하지만, 나는 고객에게 상품의 단점을 반드시 얘기한다. '고객에게 상품을 세일즈하기 위해서는 장점만 얘기해도 정신없을 텐데, 왜 단점을 얘기하는 거야?'라며 반문하는 사람도 있을 것이다. 하지만 단점을 얘기하는 것은 '그럼에도 불구하고'라는 자신감의 표출이다.

반짝 유명세를 떨치다가 사라지는 연예인이 많다. 진실하지 못하고 거짓으로 행동하면 잠시 얻은 유명세는 연기처럼 사라지고 만다. 부족하거나 못하는 게 있으면 솔직하게 얘기하고 보완하면 되는 것이다. 그것을 어떻게든 부풀리고 숨기려 하기 때문에 문제가 더 크게 생긴다.

이것은 비단 연예인들만의 이야기는 아니다. 상담 중에 숨기고 있던 단점이 고객 입에서 먼저 나오게 되는 순간을 상상하면 아찔하다. 작았던 단점도 크게 부풀려지고 이에 대해 세일즈맨은 핑계를 대고 방어하느라 정신없는 상황이 펼쳐질 것이다.

그러나 단점이 세일즈맨의 입에서 먼저 나오면 상황은 180도 달라진다. 고객은 세일즈맨보다 더 현명하다. 고객은 스스로 답을 찾을 수 있다. 고객보다 먼저 단점에 대해 설명하면 고객이 도리어 그에 대한 답을 스스로 찾는다.

무형의 상품은 눈에 바로 보이는 것이 아니기 때문에 의심스러울 수밖에 없다. 이것을 인정한다면, 상품보다 앞서 세일즈맨에 대한 신뢰가 얼마나 중요한 의미를 갖는지 알 수 있다. 장점을 명확하게 설명하되 꼭 단점 역시 놓치지 말고 함께 설명해야 한다.

숨김없이 말해라.
고객은 그런 세일즈맨을 향해 신뢰의 눈빛을 보낼 것이다.

# 대체 불가한 세일즈맨의 3가지 기술

평소 순댓국을 정말 좋아한다. 좋아하는 음식이다 보니 오히려 아무 곳에서나 먹지 않는다. 순댓국이 생각나면 꼭 가는 곳이 있다. 그 집은 다른 순댓국집과는 확연히 차별되는 것이 있다. 그 식당에 들어가면 특유의 압력밥솥 소리가 끊이질 않는다. 일반적인 식당에 가면 언제 지은 지 모르는 공깃밥을 준다. 하지만 이곳은 압력밥솥을 끌고 다니면서 즉석에서 밥을 담아 준다. 집에서나 먹을 수 있는 갓 지은 따뜻한 밥을 먹을 수 있는 것이다. 그리고 마지막으로 누룽지를 담아서 건네준다. 포만감과 함께 따뜻함을 느낄 수 있는 이곳이 내게는 대체 불가능한 순댓국집이다.

세일즈맨은 어떨까? 대체 가능한 인력일까?

물론이다. 동일한 상품과 서비스를 제공하는 세일즈맨은 우리 주변에 널려 있기에 대체할 수 있다. 이럴 경우 고객 입장에서는 세일즈맨들을 비교하며, 더 나은 서비스를 요구할 수도 있다. 대체 가능하기에, 세일즈맨들은 지금도 힘들 것이며, 앞으로도 힘들 수밖에 없다.

그러나 만일 당신이 '대체 불가능한 세일즈맨이 될 순 없을까?' 하는 고민을 하고 있다면, 방법이 있다. 앞으로 설명할 아래 세 가지 역량에 주목하자.

## ① 날카로워야 한다

당신이 세일즈하는 상품과 서비스에 대한 이해도와 지식이 경쟁자보다 탁월해야 한다. 그리고 이러한 것들을 명료하게 얘기할 수 있어야 한다.

금융상품을 세일즈 하다 보면 어떻게 고객들의 자금이 운용되는지, 왜 이런 구조로 상품을 만들었는지 궁금할 때가 있다. 판매하는 입장이 아닌 고객입장에서도 충분히 궁금할 만한 사항들이다. 이럴 경우 궁금함이 해소될 때까지 파고들어야 한다. 관련 매니저들에게 질문하고 심지어 상품개발팀에도 질문해서 궁금증을 해소해야 한다.

이처럼 상품에 대해 깊이 파고드는 경우 통상적으로 어떤 결과를 얻게 되는지 아는가? 상품에 대한 확신과 자심감을 갖게 된다. 이는 고객에게 자연스레 전달되어 진다.

고객 입장에서는 나와 같은 상품을 판매하는 세일즈맨을 수도 없이 만날수 있다. 경쟁자와 동일한 수준으로는 절대 그들보다 앞서갈 수 없다. 고객이 어떤 질문을 하더라도 완벽하고 날카롭게 답변할 수 있도록 준비해야 한다.

## ② 정직하고 성실하고 따뜻해야 한다

고객들은 본인에게 서비스를 제공하는 세일즈맨이 잘 되길 바란다. 그리고 주변에 소개해줄 사람이 생기면 적극적으로 소개해 주고 싶어 한다. 단, 그 세일즈맨이 정직하고 성실하고 따뜻한 사람일 때의 얘기다.

고객은 판매만 잘하는 세일즈맨을 원하지 않는다.

세일즈맨과 고객 간에는 정보의 비대칭이 존재한다. 고객들도 그것을 알고 있다. 그래서 세일즈맨을 의심하고 비교하게 되는 것이다. 하지만 나를 담당하는 세일즈맨이 정직한 사람이라고 인식하게 된다면, 신뢰와 함께 정보의 비대칭으로 인해 더 의지할 수밖에 없다. 즉, 정직은 세일즈맨의 최고의 자산임을 잊으면 안 된다.

정성스럽고 참됨을 일컫는 단어가 '성실'이다. 성실은 정직함이 몸에 배어 겉으로 드러나기 위해 반드시 필요한 과정이다. 성실해야 어떤 일이든 능숙해지고 일의 열매를 맺을 수 있기 때문이다.

또한, 고객을 위한 마음이 잘 전달되려면 반드시 세일즈맨의 따뜻함이 있어야 한다. 세일즈는 비즈니스의 영역이기 때문에 돈, 사업, 경영 등 차갑고 사무적인 느낌을 준다. 그래서 작은 온기만 느껴지더라도 큰 효과를 얻을 수 있다. 따뜻한 말 한마디, 따뜻한 손 편지, 따뜻한 표정만으로도 고객은 당신에게 호감을 느끼게 되고 당신을 응원하게 될 것이다.

### ③ 절대적 시간을 함께해야 한다

회사와 상품은 언제든 변할 수 있다. 회사명이 변경될 수도 있고 주력 상품이나 서비스가 종료될 수도 있다. 하지만 세일즈맨은 변하지 않고 한결같이 그 자리에 있다는 인식을 심어주어야 한다.

코로나19 장기화로 인해 경제 상황이 어렵다 보니 많은 보험 가입자가 보험을 해약하거나 납입하는 보험료를 줄이려 한다. 그런 측면에서 자신에게 정말 꼭 필요한 보험 설계를 위해, 지인을 찾기보다는 전문가를 찾고 있다. 동일한 재화의 대가를 지불하고 더 나은 서비스를 받을 수 있다면 당연히 전문가를 선택하게 되는 것이다.

코로나19가 난리였을 때도 맛집 앞엔 대기 줄이 늘어섰던 것처럼, 대체 불가능한 세일즈맨은 불황을 모른다. 불황일수록 오히려 일이 더 많아진다. 앞으로도 대체 불가능한 세일즈맨에게 쏠림현상이 나타나는 것은 지극히 당연한 결과일 것이다.

날카로움, 정직과 성실함을 갖춘 세일즈맨은 많다. 간혹 오랜 기간 세일즈하고 있음에도 불구하고 앞서 말한 두 가지 역량을 갖추지 못해 신뢰 받지 못하는 경우도 종종 있지만, 이 세 가지 역량을 모두 갖춘다면 성과는 올라가게 되어있다.

그러나 이 세가지 역량을 모두 갖춘 세일즈맨은 찾아보기 어렵다. 다시 생각하면, 찾기 어렵다는 것은 대체가 어렵다는 것이다. 고객은 그 세일즈맨을 선택할 수밖에 없다.

당신의 현재 모습이 대체 불가능한 세일즈맨이 아니더라도 조급해 말고 한 계단씩 올라와야 한다. 매일 공부하고, 정직하고 성실하게 고객에게 진심을 전하고, 끝까지 버티며 오랜 시간 동행해라.

어느 날 문득 뒤를 돌아보면 어느새 위대한 세일즈맨이 되어있을 것이다.

대체 불가한 세일즈맨의 3가지 기술

## 06

# 비교를 거절하라

 

고객과 미팅을 마치고 사무실로 복귀하는 길이었다. 갑작스레 차 뒷바퀴가 펑크가 나는 바람에 보험사 긴급출동을 불렀다. 10분 정도 후에 도착한 견인 기사는 타이어 업체가 밀집된 곳으로 데려다주었다. 브랜드가 다른 타이어 업체 세 군데가 모여 있는 곳이었다.

어느 곳으로 가야 할지 몰라서 견인 기사에게 가장 저렴한 곳이 어딘지 물어보았다.

"맨 왼쪽 업체가 가장 저렴한데, 1~2만 원 더 내더라도 가운데 업체에서 하세요. 저기 사장님이 굉장히 꼼꼼하게 일 처리하고 이곳에서 평판도 좋아요."

잠시 고민되었지만 견인 기사가 추천한 곳에서 타이어를 교체하기로 했다.

타이어 교체 후 업체에서는 서비스로 워셔액을 채워주고 와이퍼 고무가 닳았다며 직접 와이퍼까지 교체해 주었다. 1~2만 원 비용을 더 내더라도 그의 말대로 이곳으로 오길 잘했다는 생각이 들었다.

일을 하다 보면 경쟁업체와 비교당하는 경우가 종종 생긴다.

"친구 소개로 전화 드렸는데, 혹시 제안서 받아볼 수 있을까요?"

이런 연락을 받는다면 당신은 어떻게 하겠는가? 다른 업체 상품과 가격 비교를 하고 싶어 하는 고객 입장에서는 당연히 이런 요구를 할 수 있다. 하지만 나는 고객의 이런 요구를 거의 들어주지 않는다.

고객이 먼저 보험에 가입하려 연락했다면, 이미 여러 보험사에서 제안서를 받아보고 최종적으로 당신에게도 연락해 온 것이다.

다행히도 당신이 제안한 상품이 가장 저렴해서 선택됐다고 하자. 기분이 어떠한가? 실적을 올렸으니 기분이 나쁠 것은 없지만 이건 당신의 능력이 아니다. 단지 상품의 위험률이 낮게 측정되어 보험료를 저렴하게 만든 회사의 역할이 컸을 뿐이지, 당신의 노력이 들어가진 않았다. 고객 입장에서는 당신이 아니어도 가장 저렴한 상품에 가입했을 것이다.

비교를 거절하라

경쟁사보다 가격이 낮으면 세일즈는 수월해질 수 있다. 하지만 항상 가격 경쟁력으로 승부를 낼 수는 없다. 가격이 높더라도 내가 갔던 타이어 업체처럼 고객에게 가치를 인정받으며 선택되어야 한다.

비교를 목적으로 제안서를 보내 달라는 고객에게 나는 이렇게 응대한다.

"고객님. 학창 시절에 전국의 모든 학생이 동일한 교과서로 공부합니다. 그런데 누가 어떻게 가르치냐에 따라 결과가 달라질 수 있습니다. 보험 상품도 마찬가지입니다. 동일한 상품이라 할지라도 담당자의 역할이 매우 중요한데, 어떻게 제안서에 모든 것을 담을 수 있겠습니까? 또한, 보험용어에 익숙지 않으시기 때문에 상품을 이해하는 데 어려움을 겪으실 겁니다. 제가 찾아뵙고 안내해 드릴 테니 잠시 시간 내어 주시면 됩니다."

이렇게 고객을 만나면 계약 확률은 거의 100%에 육박한다. 왜냐고? 제안서를 보내준 사람들은 많아도, 직접 찾아와 자세히 설명해준 사람은 없기 때문이다. 그리고 동일한 보장내용으로 보험료를 산출하면 아주 특이한 케이스가 아닌 이상 보험료는 크게 차이 나지 않는다. 차이가 나더라도 그에 따른 장단점이 존재하기에 충분히 극복할 수 있다.

대량으로 소비재 물건을 구매하는 경우 가격 비교를 통해 상품을 구입한다. 하지만 내가 세일즈 하는 것은 단순 소비재 물건이 아니다. 대부분 사후 관리가 필요하며, 상황에 따라 전문가의 조언을 필요로 하는 경우도 많다. 이러한 것들을 어떻게 단순 가격으로 평가할 수 있겠는가?

끝까지 비교를 원하는 고객들이 있다면, 나는 정중히 거절한다. 언젠가는 또 가격 비교를 하며 떠날 수 있기 때문이다.

경쟁이 치열한 레드오션 시장에서 후발 업체가 진입할 때 가장 쉬운 방법은 가격 경쟁력으로 들이대는 것이다. 하지만 이런 방법은 절대 오래가지 못한다. 단지 시장을 교란시킬 뿐이다. 다른 경쟁력에 가격 경쟁력까지 더해지면 '금상첨화'이겠지만, 가격 경쟁력만으로 살아남을 수 있다는 생각은 하루빨리 버려야 한다.

3년 전 고액 계약을 체결한 적이 있다. 그 고객 주변에는 나를 제외한 2~3명의 다른 세일즈맨이 더 있었다. 그때 당시 내가 제안한 상품이 타 상품에 비해 10% 정도 보험료도 더 높았다. 그럼에도 그 고객은 내 제안을 선택했다.

그 이유가 궁금했다. 왜 가격 경쟁력이 낮았음에도 불구하고 내 제안을 선택했는지. 이에 대한 고객의 답변은 나를 감동시키기에 충분했다.

"다른 사람은 2~3년에 한 번씩 회사를 옮기던데, 주훈 씨는 10년 넘게 한 곳에 계시잖아요. 그만큼 신뢰가 생겼고, 보험료를 더 내는 만큼 주훈 씨가 앞으로 더 잘해주실 거라 생각합니다."


세일즈맨에게 있어 경쟁이라는 단어는 떼려야 뗄 수 없는 단어이겠지만, 독보적인 위치에 있다면 비교할 대상 자체가 사라지게 된다.

3년이 지난 지금, 그 고객 주변에 있었던 세일즈맨들은 업계를 떠났거나 이직했다고 한다. 결국, 아직까지 남아있는 것은 내가 유일하다.

그 고객은 올바른 선택을 한 것이다.

## 07

# 책임을 고객에게 전가하지 마라

"말 한마디로 천 냥 빚을 갚는다"라는 속담이 있다.

과연 이 속담 속에 '천 냥'은 얼마의 가치였던 걸까?

조선 시대 기록에 따르면 머슴의 한 달 월급이 7냥 정도, 양반의 고급 누비
솜옷이 4냥 정도 되었다고 한다. 그만큼 천 냥은 18세기 머슴이 143개월 동안
딱 한 푼만 쓰고 모아야 하는 큰돈이었다.

18세기 서울의 평균 쌀값은 1섬(144kg)에 5냥 정도였다. 현재의 우리나라 쌀
기준(1kg=3,000원)으로 환산하면 약 43만 원이다. 1냥에 8만 6천 원 정도 되는
셈이니, 말 한마디로 갚는다는 1,000냥의 빚은 8,600만 원이라는 엄청난 금액
이다.

세일즈는 형태에 따라 유형(有形)의 상품과 무형(無形)의 상품으로 나눌 수 있다. 유형의 상품에서 하자가 있을 땐 소비자의 잘못이 없다면 교환해주거나 환불해주면 그만이다. 하지만 무형의 상품일 경우에는 그게 말처럼 쉽지가 않다.

예를 들면 금융상품에 가입하는 경우가 대표적이다. 설명하는 사람과 설명을 듣는 고객의 이해도에 따라 온도 차가 있을 수 있다. 고객과의 상담을 매번 녹취할 수도 없기 때문에 종종 문제가 발생한다.

이런 상황을 가정해보자. 당신은 고객에게 상품에 대한 설명을 충실히 했다. 그럼에도 불구하고 고객이 상품에 대해 제대로 듣지 못했다고 하거나, 다르게 이해했다고 불만을 제기한다면 어떻게 응대할 것인가?

세일즈를 하다 보면 이런 유사한 일이 비일비재(非一非再)하게 발생한다. 하지만 똑같은 상황에서도 세일즈맨이 어떻게 응대하느냐에 따라 고객을 떠나보낼 수도 있고, 나의 팬으로 만들 수도 있다.

일전에 고객에게 투자형 연금을 제안한 적이 있었다. "고객님, 투자 수익률 연 3%로 가정 시 나중에 60세부터 평생 매월 100만 원을 연금으로 받게 됩니다. 수익률이 확정적으로 정해진 것은 아니지만 연금의 목적이 있기 때문에 투자 수익률이 마이너스가 되더라도 연금 지급 시기에는 납입한 원금을 최소

보증합니다."라고 설명하였다. 그런데, 고객은 매년 3%를 보증해주는 것으로 이해했고, 60세부터 받는 연금도 100만 원을 최소로 받을 수 있다고 이해한 것이다. 결국, 계약 심사과정에서 '상품설명 미흡'으로 계약이 반려되었다.

위 상황처럼 고객이 잘못 이해했다면 당신은 어떻게 하겠는가?

나는 그때 고객에게 전화해서 이렇게 얘기했다.


"제가 분명히 설명해 드렸고 상품설명서에도 나와 있는데, 심사과정에서 다르게 얘기하셔서 제가 굉장히 난처한 상황이 되었습니다."


답답한 마음이 앞서 나도 모르게 고객에게 화풀이하듯 얘기해버렸다. 한참을 고객과 언쟁하고 결국 서로에게 상처만 남긴 채 그 계약은 파기되었다.


무엇이 문제였을까? 지금 와서 돌이켜 보면 100% 내게 책임이 있다. 고객이 나쁜 의도를 갖고 그런 게 아니라면 아무리 내가 설명을 잘했다고 하더라도 제대로 이해시키지 못한 내 책임인 것이다. 한순간의 상황을 모면하기 위해 고객에게 책임을 전가하면서 계약도 잃고 고객에게 신뢰도 잃게 되는 상황이 되어버렸다.


이 일이 있고 난 뒤 쇼핑을 하기위해 백화점에 간 적이 있었다. 해당 백화점과 연계된 신용카드가 없었는데, 마침 카드를 만들면 좋은 혜택을 준다기에 덥석 신용카드를 하나 만들었다. 최소 3개월 정도만 이용하면 연회비도 면제해주고 상품권도 준다고 하니 좋은 기회라 생각했다.

그런데 3개월 후가 되어서 카드를 해지하려고 했더니 연회비도 내야하고 상품권 받은 것을 돌려주어야 한다고 하는 것 아닌가. 카드 모집인에게 왜 설명과 다르냐고 물었더니, 설명을 잘 못 이해한 거 같다며 자기는 그렇게 말한 적이 없다고 하는 것이었다.

"3개월 후부터 카드 해지는 가능하지만, 최소 1년을 사용해야 혜택에 대한 환불이 없다"라는 내용을 내가 잘 못 이해한 것이라고 했다. 굉장히 불쾌했다. 내가 정말 잘못 이해했는지 그분이 거짓을 말하는 것인지 모르겠지만, 매우 불쾌한 마음에 결국 페널티를 받으면서까지 신용카드를 해지했다.

그날, 나 자신을 돌이켜보며 반성했다. 그리고 이런 유사한 상황이 발생하면 고객에게 책임을 전가하지 않겠다고 다짐했고, 지금은 그때와는 다르게 응대한다. 얼마 전에도 고객이 설명을 제대로 듣지 못한 내용이 있다며 계약 심사가 중단되었다.

예전 같았으면 "고객님! 제가 그 내용 분명 설명해 드렸었는데, 기억 안 나세요?" 이렇게 얘기했을지 모른다. 그러나 나의 응대는 달라졌다. "고객님! 죄송합니다. 제가 조금 더 쉽고 이해하기 편하게 말씀드렸어야 했는데, 제 설명이 부족했었나 봅니다. 제가 다시 안내해 드리겠습니다." 이렇게 얘기하면 고객들은 십중팔구(十中八九) 이렇게 반응한다. "아닙니다. 제가 기억을 잘 못한 거 같네요. 이제 생각났습니다."

세일즈맨이 고객에게 책임을 전가하려 하면, 고객 역시 세일즈맨에게 책임을 전가하려 한다. 결국, 계약과 신뢰 모두 잃게 되는 상황이 온다. 나는 분명히 고객에게 설명했는데, 고객이 듣지 못했다고 하면 억울하고 기분이 상할 수 있다. 충분히 이해한다. 하지만 모든 상담은 '화자(話者)'의 입장이 아닌 '청자(聽者)'의 입장이 중요하다는 것을 잊으면 안 된다.

난처한 상황에서 세일즈맨이 어떻게 응대하느냐에 따라 세일즈의 성과는 달라진다. 반박은 더 큰 반박을 불러오고, 사과는 이해와 용서 그리고 신뢰를 불러온다는 것을 기억해야 한다.

말 한마디로 8,600만 원의 빚도 갚을 수 있다는데, 당장의 상황을 모면하는 것에만 급급해할 것이 아니라, 몇 수 앞을 내다보는 여유를 가질 수 있어야 한다. 자칫 조급하게 행동해 고객의 신뢰를 잃었다가는 더 큰 것을 잃게 된다. 당신만큼은 이 이치를 뼈아픈 경험이 아닌 나의 조언으로 알길 바란다.

# 08

# 확고한 세일즈 원칙을 고수하라

투자의 고수들은 본인만의 투자원칙이 있다. 예를 들면 주식 종목을 고를 때 코스닥(벤처기업 및 중소기업) 종목은 매매하지 않는다거나, 매수한 종목이 -10%가 되면 반드시 손절매 한다든지, 급등 시 추격매수를 하지 않는다든지 자신만의 투자원칙이 있고 이 원칙을 반드시 지킨다.

주식시장이 꾸준히 상승장을 보일 경우에는 초보든 고수든 수익률에 큰 차이가 나지 않는다. 하지만 시장이 조정을 받거나 큰 폭락으로 패닉에 빠지는 순간, 초보는 중심을 잃고 하수로 전락하고 만다. 그러나 고수는 자신만의 투자원칙을 지킴으로써 버틸 수 있는 힘을 비축하고 다시 올 기회를 준비한다.

이렇듯 세일즈에도 원칙이 필요하다. 이 원칙들은 세일즈 환경이 좋고 실적이 잘 나올 때는 빛을 발휘하지 못할 수 있다. 하지만 이와 반대로 세일즈 환경이 어렵고 실적이 좋지 못할 때는 흔들리지 않게 중심을 잡아줄 수 있고,

비를 피할 수 있는 우산이 되어줄 수 있다.

이런 우산의 역할이 되어 준 나의 세일즈 원칙 세 가지를 소개할 테니 주목해 보자.

### ① 경쟁자를 헐뜯지 마라

고객과의 상담 약속이 있어 대학로 인근에 있는 카페에 갔다. 약속 시간보다 조금 일찍 도착해 커피를 주문하고 고객을 기다리고 있었다. 그런데 바로 옆자리에 보험회사 배지를 단 여성 두 분이 앉아 있었고, 맞은편에는 고객으로 보이는 한 남성이 앉아 있었다. 여성 중 한 명은 신입 설계사인 듯했고 다른 한 명은 그녀의 매니저인 듯했다.

매니저로 보이는 여성이 남성에게 얘기를 시작했다.

"이거는 정말 최악의 보험이에요. 어떻게 이런 상품을 고객에게 추천했는지 이해가 되지 않네요. 나중에 후회하지 마시고 저희가 준비해 온 상품으로 갈아타세요."

그 이후로도 계속 눈살을 찌푸리게 하는 얘기를 하면서 상담을 이어나갔다. 남성 고객이 어떤 결정을 하는지 끝까지 보고 싶었지만, 상담이 최악으로 다다르기 전에 내 고객이 도착해서 다른 테이블로 이동했다.

상담의 결과는 알 수 없으나 과정으로 보면 결과가 좋았다 하더라도 관계가 그리 오래가지 못할 것이 뻔하다. 많은 세일즈맨이 이처럼 경쟁사와 경쟁자를 소위 말해 까는 영업을 많이 한다. 남을 헐뜯어야 내가 돋보이고 나의 상품이 경쟁력 있어 보인다고 생각하기 때문이다.

하지만 과연 그럴까?

2019년 라임자산운용, 2020년 옵티머스자산운용 등 사모펀드로 인해 많은 피해사례가 발생했다. 그로 인해 이 상품을 주로 판매한 금융사는 고객들에게 금전적 피해를 주었고, 신뢰를 잃어버리게 되었다.

그렇다면 이 상품을 판매하지 않은 금융사는 신뢰를 얻은 것일까? 풍선효과를 입어 고객이 더 증가했을까? 아니다. 오히려 고객들은 이로 인해 일부 금융사가 아닌 금융사 전체를 신뢰하지 않게 되는 것이다.

나는 고객들과 상담 시 고객이 거래하고 있고, 가입되어 있는 상품을 절대 부정적으로 얘기하지 않는다. 오히려 너무 잘하셨다고 칭찬한다. 왜냐고? 고객에게 해를 입히려 만든 금융상품은 없기 때문이다. 내 것만 좋은 것이고 남의 것은 안 좋다는 인식이 고객에게 도움 될 리 없다. 항상 상대방을 높여주되 내가 제안하는 것도 그만큼 좋은 상품이고 더 나은 상품임을 인식시켜 주면 된다. 그렇게 해야 세일즈 업계에 대한 인식이 전체적으로 올라가고 언젠가 그 수혜를 내가 얻을 수 있다.

## ② 돈으로 고객을 매수하지 마라

아주 가끔 고객들이 이런 질문을 하는 경우가 있다.

"이거 가입하면 첫 회 보험료는 내주시는 거죠? 다른 곳은 상품권도 준다고 하던데…"

당장 실적을 올리기 위해서는 이렇게라도 해야 할 거 같은 유혹에 빠지기 쉽다. 반대로 세일즈맨이 먼저 고객에게 "오늘 가입하시면 백화점 상품권을 드립니다." 하고 제안하는 경우도 있다.

이런 것도 세일즈 전략이라고 생각하면 그럴 수 있다고 생각한다. 하지만 오히려 이런 전략이 당신의 발목을 잡을 수 있음을 명심해야 한다.

고객이 무언가를 요구하면 나는 이렇게 얘기한다.

"고객님, 나중에 보험금을 받으시거나 연금 받으실 때 제가 도와드려서 받으시는 거니까 일부 금액을 제게도 나눠줄 수 있으세요? 당장 눈앞에 보이는 선물도 중요하지만 앞으로 오랜 시간 정직과 신뢰로 더 큰 것을 드리겠습니다."

중요한 게 무엇인지 인식하고 부드럽고 정중하게 거절할 수 있어야 한다. 돈으로 당신의 고객이 된 사람이라면 나중에 더 큰 것을 요구할 수도 있고, 더 큰 것을 주는 세일즈맨에게 떠나갈 수 있기 때문이다.

당장 실적을 위해 돈으로 고객을 매수하지 마라. 언젠가는 그 '돈'이 '독'이 되어 돌아올 수 있다.

### ③ 운(運)에 의존하지 마라

'운칠기삼(運七技三)'이라는 말이 있다. 운이 7할이고 재주가 3할이라는 말이다. 즉, 본인의 노력과 능력보다 운이 더 중요하다는 말이다. 하지만 나는 '운삼기칠(運三技七)'을 더 믿었다. 운도 중요하지만, 나의 노력과 능력이 더 중요하다고 생각했기 때문이다.

나의 계산방식은 이러했다. 노력을 안 해도 운이 좋으면 7할은 먹고 들어간다. 100점 만점인 시험에서 운으로만 70점을 맞을 수 있는 것이다. 하지만 운은 내가 스스로 통제할 수 없기에 항상 70점을 맞을 자신은 없었다. 내가 노력해서 나의 능력을 7할로 만들고 운을 3할로 만든다면? 운이 항상 없더라도 70점을 맞을 수 있다. 즉, 운에 의존하지 않더라도 운에 꽉 찬 삶을 사는 사람처럼 살 수 있는 것이다.

좋은 계약을 성사시키고, 좋은 고객을 모시고, 고액의 보너스를 받고, 동료들보다 더 빠르게 진급하는 세일즈맨이 있다. 그들은 하나같이 운이 좋았다고 한다.

정말 운이 좋아서 그런 결과를 얻었다고 생각하는가? 그들은 겸손함의 표현으로 '운'을 빌린 것이지 결코 운만으로 그런 결과가 주어지진 않는다.

**"운이라고 생각하는 많은 것은 무지(無知)에서 오는 착각일 뿐**
**온전히 노력과 행동으로 만들어진 결과이다."**

10년 전 한 책에서 이 문구를 본 뒤로 나는 항상 이 메시지를 기억하기 위해 다이어리에 적어 놓는다. 이 글귀를 되새기며 운이 없더라도 결과를 꾸준히 만들 수 있게 노력하고 행동한다. 이렇게 운에 의존하지 않고 운이 없는 상황에서도 노력으로 채워 항상 70점 이상을 유지할 수 있도록 준비한다면, 세일즈의 고수로 성장할 수 있다.

경쟁자를 까지 말고, 돈으로 고객을 매수하지 말고, 운에 의존하지 않는 나의 세일즈 원칙을 소개했다. 이렇게 본인만의 세일즈 원칙을 세워놓아야만 위기가 왔을 때 흔들리지 않게 된다. 흔들리지 않아야 오랜 시간 올바르게 일할 수 있다.

수많은 세일즈맨이 업계를 떠나는 이유는 원칙을 세우지 못했거나, 원칙을 세웠다 하더라도 원칙을 지키지 못했기 때문임을 명심해라.

# 5장

---

## 영업의 비밀 Ⅲ : 믿음과 태도의 힘

01

# 세 가지 믿음

영업 초기 때 열심히 일하고 있다고 생각했는데 성과가 나오지 않을 때가 많았다. 남들보다 분명 시간과 노력을 더 많이 투자하고 있는데 말이다. 힘든 시기였다. 그러나 나는 지치지 않았다. 지금처럼 정직하고 성실하게 일하면, 신(神)이 기회라는 선물을 내게 먼저 줄 거라는 믿음이 있었기 때문이다.

오늘 하루 식단 조절을 한다고 해서 살이 한 번에 확 빠지진 않는다. 오늘 하루 운동했다고 해서 단번에 건강이 좋아지진 않는다. 오늘 하루 공부를 열심히 했다고 해서 똑똑해지지 않는다.

하지만 이런 하루가 여러 번 반복되면 살이 빠지고 건강해지고 똑똑해진다는 것을 우리는 알고 있다. 하루의 결과물이 눈에 당장 보이지는 않지만 분명 변화는 어디선가 오고 있다. 나는 그것을 믿었고, 경험했다.

> "당신이 진정으로 믿는 일은 반드시 이루어진다.
> 그 믿음이 그것을 실현시킨다."
> **— 프랭크 로이드 라이트**

어떤 기술을 배우는 것보다 먼저 선행되어야 하는 것은 '믿음'이다. 그것이 단단한 기반이 되어주어야 당장 성과가 나오지 않아도 오늘 하루를 버틸 수 있는 힘이 된다.

특히 위대한 세일즈맨은 이 세 가지 믿음이 반드시 있어야 한다.

## ① 스스로에 대한 믿음

아들과 집 앞 놀이터에서 흙장난을 하고 있었다. 비 온 뒤라 작은 물웅덩이가 곳곳에 있었는데, 개미 한 마리가 빠져 허우적댔다. 한참 동안 개미를 응시하고 있던 아들이 어떻게 반응할지 궁금했다. 개미는 점점 힘이 빠지고 있었고, 허우적거림이 눈에 띄게 감소했다. 그제야 아들은 작은 나뭇가지로 개미를 건져 올려 주었다.

"연준아, 왜 개미를 한참 보고 있다가 구해준 거야?"
"응, 열심히 발버둥 치는 모습을 끝까지 보고 싶었어."

아들이 한참 동안 개미의 발버둥 치는 모습을 보고 도와주었듯, 내가 발버

등을 치고 있으면 분명 내게도 기회가 올 것이라 믿었다. 나에 대한 이 믿음은 지금도 변함없고 앞으로도 변함없을 것이다.

위대한 세일즈맨이 되고 싶다면 어제보다 오늘, 오늘보다 내일이 더 잘 될 거라는 스스로에 대한 믿음이 반드시 있어야 한다.

### ② 상대방에 대한 믿음

여기서 상대방이란 회사와 동료이다.

당신의 회사를 사랑하는가? 당신의 동료를 사랑하는가? 나는 고민과 지체 없이 "네!"라고 답할 수 있다. 내가 속한 회사가 앞으로 더 위대한 회사가 되길, 동료들이 더 행복하게 일하길 진심으로 바란다.

그런데, 간혹 회사에 대한 불평불만으로 가득 찬 동료를 볼 때가 있다. 회사의 규정과 제도, 상품 경쟁력, 심지어 동료들의 사생활까지 들추며 불만과 험담을 일삼는다. 안타까운 일이지만 이런 사람은 어느 조직에든 있다. 어떻게 회사가 모든 직원의 니즈를 충족시킬 수 있을까? 모든 동료가 어떻게 마음에 들 수 있을까? 이게 가능하다고 생각하는가?

자동차 딜러가 본인의 회사를 믿지 못하는데 고객에게 자동차를 제대로 권유하기는 어렵다. 제약회사 영업사원이 본인의 제품에 확신이 없으면 의사나 환자에게 제품을 제대로 설명할 수 없다. 협업을 통해 완성품을 만드는 노동자가 동료들을 믿지 못하면 제대로 된 제품이 나올 수 없다.

이처럼 회사와 동료를 믿지 못한다면 성과는 나올 수 없다.


내가 회사를 사랑하는 만큼 동료들도 회사를 사랑하고 있고, 임원과 사장은 더더욱 회사를 사랑하고 있다고 생각해라. 그리고 나의 회사는 앞으로 더 성장할 것이고, 그 성장의 중심에 내가 있다고 생각해야 한다. 이런 회사에서 생산된 제품과 서비스는 세계 최고라는 자부심과 확신이 있어야 한다. 확신은 말로 표현하지 않더라도 세일즈맨의 눈빛으로 투영되어 고객에게 보여 질 것이다.


### ③ 일에 대한 믿음

내가 하는 일이 분명 누군가에게 도움이 되고, 더 나아가 사회에 도움이 된다는 믿음을 가져야 한다.


수년 전 어느 겨울날이었다. 기존 고객의 소개로 신혼부부 상담을 위해 강원도 인제에 갔다. 늦은 밤에 시작된 상담은 자정이 다 되어 끝이 났다. 하지만 신혼부부는 생각해보겠다는 말로 나의 제안을 거절했다.

아무런 성과를 내지 못하고 주차장으로 내려왔는데, 몇 시간 사이에 엄청난 양의 눈이 내렸다. 너무 늦은 시간이라 도로는 제설작업이 되지 않은 상태로 방치되어 있었고, 도저히 운전해서 집에 갈 수가 없었다. 결국 다음 날 아침까지 차에서 새우잠을 청해야만 했다.

지금이야 담담하게 얘기하고 있지만, 아직도 그날 밤을 잊지 못한다. 많은 세일즈맨이 이런 마음을 알 것이다. 고객을 위해 오랜 시간 자료를 준비하고 몇 시간을 운전해서 만나러 갔는데, 아무런 성과 없이 나올 때의 그 심정을 말이다.

하지만 우리는 그 상황에 익숙해져야 한다. 그리고 결과에 좌절하기보다 고객을 긍휼히 여기는 마음을 갖고 어떻게 하면 도움을 줄 수 있을 것인지 더 고민해야 한다.

요리사가 음식을 팔아서 많은 이윤을 남겨야겠다는 생각보다, 정성이 담긴 음식을 통해 손님들을 행복하게 해주겠다는 믿음을 갖고 요리하면 어떨 것 같은가? 군인들이 일과를 허투루 보내지 않고 사랑하는 가족과 친구들을 대신하여 국방의 의무를 수행하고 있다는 믿음을 갖고 근무하면 어떨 것 같은가? 청소부가 단순히 쓰레기를 치우는 것이 아니라, 사람들에게 쾌적한 환경을 통해 건강과 행복을 줄 수 있다는 믿음을 갖고 일하면 어떨 것 같은가?

분명 이런 믿음을 갖고 일하는 사람들은 표정부터 다르다.

위대한 세일즈맨도 마찬가지다. 그들도 표정부터 다르다. 결과를 떠나 본인이 하는 일이 분명 누군가에게 도움이 되고, 더 나아가 가정과 사회에 도움이 된다는 믿음이 잔잔한 미소 속에 담겨있다.

당신도 자연스레 지어지는 미소 속에 자긍심과 자존감이 담겨있길 원하는가? 그렇다면 자신과 상대와 일에 대한 믿음을 가져라. 이것이 왜 필요한지는 앞서 설명했다. 그렇다면 어떻게 그 믿음을 가져야 하냐고? Just Do It 그냥 믿는 수밖에 없다.

이런 건 누구나 할 수 있는 얘기라고?

맞다. 그러나 당신은 어떤가.

누구나 할 수 있는 이 얘기를, 당신은 실행하고 있는가.

## 02

# 신념을 뛰어넘을 것은 아무것도 없다

어릴 적 내 오른쪽 팔목에는 '사마귀'가 콩알만 하게 자리 잡고 있었다. 보기 좋지 않았지만 생활하는 데 큰 불편함은 없어 내버려 뒀었다. 그런데 내가 성장하는 만큼 사마귀도 점점 커지는 것이 아닌가. 결국, 성년이 되었을 무렵 병원에서 레이저로 제거하였다.

그러던 어느 날, 클라우드 브리스톨의 책《신념의 마력》에서 소개된 F.카르츠 박사의 논문을 보게 되었다.

**"세계 어느 나라에나 사마귀를 없애는 민간요법이 존재한다. 사마귀를 거미줄로 싸는 요법을 비롯하여 초승달이 떴을 때 두꺼비알을 길거리에 묻는 방법에 이르기까지 수많은 미신적인 방법이 있는 것이다. 만약 환자가 그것을 깊이 믿기만 한다면 그것은 모두 효과가 있다."**

사마귀를 제거하기 위해서는 당연히 병원에 가야 한다고 생각했다. 그런데 누군가는 사마귀를 신념으로 제거했다니, 그것도 이 방법이 논문에도 나와 있는 내용이라니! 나로선 굉장히 큰 충격으로 다가왔다. 정말 깊이 믿는 것만으로도 그런 일이 가능한 것일까?

"선배님! 한번 찾아뵙고 일에 대한 조언을 듣고 싶습니다."

매월 2~3명의 후배가 이런 연락을 하고 찾아온다. 대부분 세일즈에 힘들어하는 후배들이다. 지인에게 상처받고 자존감이 낮아져 있거나, 고객들의 부정적인 태도에 알레르기 반응을 일으키며 앞으로 나가지 못하는 후배들이다. 방전된 그들에게 내가 조언한다고 해서 세일즈 실적이 바로 좋아지진 않는다. 하지만 나마저 거절하면 안 될 것 같아 시간을 쪼개 그들을 만난다.

"후배님은 우리 일이 앞으로 어떻게 될 거 같으세요?"

나를 찾아온 후배들에게 공통적으로 하는 질문이다. 후배들의 답변은 대부분 비슷하다.

"앞으로는 지금보다 더 힘들 거 같아요. 비대면 세일즈 시장이 확장되면 저희처럼 대면 세일즈 하는 업종은 더 어려울 거 같아요."

부진한 세일즈 실적에 대한 원인을 외부에서 찾는 사람들의 공통적인 답변이다. 세일즈의 미래를 비관적으로 보는 후배들의 답변에 나는 이렇게 얘기한다.

"세일즈가 앞으로 더 힘들고 어려울 거 같으면 하루라도 빨리 다른 일을 찾아봐야 하지 않을까요?"

후배들은 더 이상 말을 하지 못한다. 후배들에게 따뜻한 격려를 해주면 당장이야 위로가 되겠지만 시간이 지나면 다시 그 자리에 머물게 된다. 그래서 나는 후배들에게 조금은 직설적으로 '신념'에 대해 얘기한다.

주식이나 부동산 등 각종 투자를 할 때는 내가 투자한 자산이 지금보다 더 오를 것이라 생각하고 투자한다. 지금보다 떨어지길 기대하며 투자하는 사람은 단 한 명도 없다. 설사 떨어지더라도 언젠가는 오를 것이라는 믿음을 더욱더 강하게 스스로 주입할 것이다.

일도 마찬가지이다. 당신이 어떤 세일즈를 하든 간에 당신이 하는 일이 앞으로 더 잘 될 거라는 믿음이 있어야 한다. 그리고 그 속에서 당신은 더 잘 될 거라는 확신과 믿음이 있어야 한다.

내가 하고 있는 보험세일즈는 대부분의 신입이 초기에는 일을 제법 잘한다. 가족들과 지인들의 도움이 있어서 그러하겠지만 눈에 생기도 있고 일에 대한 열정이 넘쳐흐른다. 그때 신입들의 마음속에는 이런 신념이 자리 잡고 있다. '보험은 꼭 필요한 상품이야. 그리고 내 가족과 지인들에게는 제대로 된 보장을 준비할 수 있도록 도와주겠어!'

그러나 6개월이 지나면 파릇파릇 생기 있는 모습은 좀처럼 찾아보기 어렵다. 6개월 전이나 지금이나 보험세일즈를 하는 것은 변함없다. 오히려 6개월 전보다 경험이나 지식이 높아졌음에도 불구하고 일이 잘 안되는 것이다.

무엇이 문제일까?

가망고객을 확보하지 못해 어려움을 겪고 있을 수도 있고, 성실하지 못해 어려움을 겪을 수도 있다. 각자 일이 안 되는 여러 가지 이유가 있겠지만 가장 큰 문제점은 '신념'의 결여다. 본인이 하고 있는 세일즈를 믿지 못하거나 판매하고 있는 상품에 대한 믿음이 결여되는 것이다. 아무리 자신감 있어 보이게 얘기를 하더라도 신념이 결여된 세일즈맨은 결핍이 드러나기에 고객에게 선택받을 수 없다.

결국, 나는 후배들에게 "당신의 세일즈 실력이 낮아진 게 아니고 신념이 낮아진 것이다"라고 일침을 가한다. 그리고 "신념을 높여야 한다"라고 조언한다.

그렇다면 낮아진 신념을 어떻게 하면 높일 수 있을까? 신념을 어떻게 하면 유지할 수 있을까? 결론부터 말하면, 앞에서 말한 것처럼 그냥 믿어야 한다. 무조건 믿어야 한다.

심리학 용어 중 '플라세보 효과(Placebo Effect)'라는 단어를 들어본 적이 있을 것이다. 의사가 효과 없는 가짜 약이나 치료법을 환자에게 처방했는데, 환자의 믿음으로 인해 병세가 호전되는 현상을 말한다. 이런 '플라세보 효과'가 잘 듣는 경우를 살펴보면 환자가 의사와 병원을 신뢰 할수록 효과가 좋으며, 새로운 경험을 긍정적으로 받아들일수록 그 효과가 더 크다.

세일즈맨의 신념도 이와 동일하다. 내가 하는 일이 앞으로 더욱 잘 될 것이며, 고객에게 더 나은 서비스와 가치를 전달하고 그로 인해 나도 지속적으로 성장할 수 있다는 믿음이 있어야 한다. 이게 바로 세일즈맨의 신념이 되어야 한다.

이런 근거 없는 얘기는 믿기 힘들다고 생각할 수 있다. 억지로 믿지 않아도 된다. 그런 사람들을 위한 심리학 용어도 있으니까. 바로 '노세보 효과(Nocebo Effect)'다. 약효를 의심하거나 부작용이 있다고 믿는 부정적 신념으로 인해 약효가 제대로 발휘되지 않거나 건강을 해치는 현상을 말한다.

당신이 '플라세보'를 선택하든 '노세보'를 선택하든 자유다.

단, 만일 내가 건강상의 이유로 약을 먹게 된다면 무조건 플라세보 효과를 보기 위해 지속적으로 노력할 것이다. 노세보 효과로 얻을 것은 하나도 없기

신념을 뛰어넘을 것은 아무것도 없다

때문이다.

세일즈도 마찬가지이다. 노세보 효과처럼 부정적 신념은 당신의 시간과 인생을 갉아먹을 뿐 무엇 하나 도움 되지 않는다.


당신이 인생을 걸고 세일즈하고 있다면

반드시 플라세보 효과와 같은 신념을 장착하고 뛰어야 한다.

단언컨대, 세일즈에서 신념을 뛰어넘을 것은 아무것도 없다.

# 03

# 고객의 자존감을 높여라

당신이 세 대의 차를 소유하고 있다고 가정해보자. 첫 번째 차는 1,000만 원짜리 경차이고, 두 번째 차는 3,000만 원짜리 중형차이다. 그리고 마지막 세 번째 차는 1억 원을 호가하는 고급 수입차이다. 이 중에 한 차량에만 선택적으로 자동차 보험에 가입할 수 있다면 어떤 차에 보험을 가입하겠는가?

나라면 세 번째 차량에 보험을 가입할 것이다. 세 대의 차량 중 가장 값어치가 높고 그만큼 리스크도 높은 차량이기에 당연한 선택의 결과이다.

이처럼 소중하게 생각하고 가치가 있다고 생각하는 것은 그에 합당한 관리나 대우를 해준다. 사람도 똑같다. 소중하게 생각하는 지인들에게는 안부 인사도 하고 생일이면 선물도 챙겨주고 힘든 일이 있으면 도와주려 한다.

그런 의미에서 세일즈맨이 고객에게 무언가를 판매할 때는, 상품도 중요하지만 그보다 고객이 자신을 소중하게 느끼게 하는 것이 더 중요하다. 즉, 자존감을 높게 만들어야 세일즈가 시작되는 것이다.

건강식품을 판매하는 세일즈맨을 예로 들어보자. 고객에게 필요한 각종 영양제를 앞에 두고 왜 이것을 먹어야 하는지, 왜 우리 제품을 먹어야 하는지를 열심히 설명하고 있다. 그런데 아무리 좋은 영양제가 있더라도 고객이 본인의 몸을 소중하게 생각하지 않으면 영양제를 구입하지도 않을 것이며, 구입했다 하더라도 제대로 챙겨 먹지 않을 것이다. 이럴 경우 영양제의 효능에 대해 열심히 설명하는 것도 중요하지만, 고객 스스로 건강을 챙겨야 할 이유를 만들어 주는 것이 더 중요하다.

보험을 판매하는 세일즈맨의 경우도 마찬가지이다. 보험에 가입하면 진단금이 지급되고 아플 때 도움을 준다고 설명한다. 하지만 고객이 자신을 가치있게 생각하지 않으면 그런 설명은 '소귀에 경 읽기'가 될 뿐이다.

보험을 설명하기 전에 본인이 얼마나 가치 있는 사람인지, 그리고 그 가치를 왜 지켜야 하는지, 그 가치가 지켜지지 않으면 어떤 일이 일어나는지를 인지시켜주고, 가치를 지키는 여러 대안 중 하나의 방법으로 보험 상품을 안내해야 한다. 아무리 보험 혜택이 좋더라도 자존감이 낮은 사람은 보험을 선뜻 가입하지 않는다.

이것을 명심하고, 고객의 자존감을 높일 수 있는 방법으로 내가 활용했던 아래 방법에 주목해 보자.

## ① 고객들의 현재 모습을 통해 과거를 칭찬해라

전문직에 종사하는 고객을 만나면 존경심을 표현하고 칭찬한다. 전문 자격을 취득하기 위해 누구보다 열심히 공부하고 노력했기에 지금의 자리가 있기 때문이다. 그리고 그 과정을 궁금해한다. 대기업 임원급 고객을 만나거나 중소기업의 대표님을 만나면 이 자리에 오기까지 여러 풍파가 있었을 텐데 어떻게 이렇게 잘 이겨낼 수 있었는지 질문한다.

단지 고객의 자존감을 높여주기 위함이 아니라 진심으로 그들의 과거가 궁금하기에 나올 수 있는 질문이다. 이런 질문을 받은 고객들은 본인의 과거를 회상하면서 겸손함을 지키고 본인이 어떤 사람인지 얘기하게 된다.
잠시 잊고 있었던 본인의 자존감이 높아지는 단계이다.

## ② 현재 하는 일이 얼마나 가치 있는 일인지를 찾아주어야 한다

대부분의 직장인은 직장 상사가 지시한 일을 한다. 기계적으로 자신에게 주어진 일이기에 하는 것이지 대단한 가치를 부여하지 않는다. 하지만 그것들이 얼마나 소중하고 가치 있는 일인지를 찾아서 고객에게 설명해야 한다.

대학 병원에서 행정업무를 보는 고객에게 "선생님이 일을 제대로 하지 않으면 환자들의 진료기록이 제대로 유지되지 않을 것이며, 우리나라의 의료시스템도 제 역할을 하지 못할 수 있다"라고 얘기했다. 조금 과장한 거라고? 맞다. 과장한 거다. 그런데 고객은 "그렇죠. 저 같은 사람의 역할이 중요하죠"라고 얘기했다.

초등학교 앞에서 분식집을 운영하는 고객이 있었다. 보험금 청구를 위해 오랜만에 분식집을 찾았다. 잘 지내셨냐는 인사에 반갑다며 떡볶이 한 접시와 어묵 국물을 가져다 주셨다.

"사장님! 저는 아직도 학교 앞 떡볶이 맛을 잊지 못합니다. 그만큼 사장님이 운영하는 분식집이 누군가에게는 아주 오랜 시간 추억으로 남을 수도 있고, 큰 행복을 주는 공간이기도 합니다."

한참을 듣고 있던 고객은 얼마 전 사춘기 자녀와 다투었는데 충격받은 얘기가 있다며 말을 꺼냈다.

"엄마! 우리 분식집 계속해야 해요? 집에서 기름 냄새도 너무 많이 나고, 그냥 창피해요."

자녀의 말이 진심이든 아니든 그 말에 충격을 받아서 심각하게 분식집을 접을까도 고민했다고 한다. 그런데, 내가 와서 분식집 운영이 학생들에게 가치 있는 일임을 얘기하니 너무 큰 위로가 된다며 순대 한 접시를 더 가져다 주셨다.

아무리 사소하고 작은 일처럼 보일지라도 가치 없는 일은 없다. 다만 우리가 그 가치를 찾지 못하고 있을 뿐이다. 세일즈맨이 고객의 가치를 발견하고 그 가치를 고객에게도 잘 전달해 줄 수 있다면 고객의 자존감은 높아지고 확장될 것이다.

### ③ 현재의 모습으로 미래를 밝게 얘기해 주어야 한다

일이 잘 풀리지 않는 고객에게는 "지금까지 힘들었으니 앞으로 잘 될 겁니다." 일이 잘 풀리고 있는 고객에게는 "지금처럼 앞으로도 일이 계속 잘 될 겁니다"라고 얘기한다. 그리고 여기에 한마디를 꼭 덧붙인다.

"제가 관심 갖고 응원하겠습니다."

누군가가 나를 지켜봐 주고 응원해주는 것은 정말 큰 힘이 된다. 많은 사람이 무한 경쟁 속에서 외로워하며, 아군보다는 적군이 많다고 생각한다. 이때 진심으로 나를 위해주는 아군이 한 명 더 생긴다면 천군만마를 얻은 듯한 기분일 것이다.

현재 본인의 모습이 어떠하든 미래가 기대되고 설렌다면 본인의 가치를 높게 볼 수 있게 된다. 자연스레 자존감도 올라갈 수밖에 없다. 자존감이 높아지면 고객은 건강을 위해 운동을 하고 영양제를 챙겨 먹는다. 또한, 본인의 가치를 지키기 위해 보험에 가입하고 다양한 상품과 서비스를 구매한다. 당연한 결과다.

단, 이것은 정확히 해야 한다. 상대방의 자존감을 높이는 목적은 나의 주변에 좋은 사람을 두기 위함에 있다. 무조건적으로 세일즈 실적과 연결 지어서는 안 된다. 물론, 내가 고객들의 자존감을 높이려고 노력한 순간부터 세일즈 실적도 높아진 건 부정할 수 없는 사실이지만 말이다.

세일즈에 앞서 중요한 것이 무엇인지 정확히 인지해라.
다시 한번 말하지만 사소한 차이가 위대한 세일즈맨을 만든다.

# 04

# 가장 하기 싫은 일 너머에 있는 것

40대의 나이에 접어드니 체력이 저하됨을 느낀다. 그래서 일주일에 3회 이상 휘트니스 센터에서 1시간 정도 땀을 흘린다. 초반에는 운동하러 가는 것조차 습관이 되어 있지 않아서 힘들었다. 의지력을 높이고 제대로 운동하는 법을 배우기 위해 1:1 PT를 신청했다.

담당 트레이너는 매일 4시간씩 개인 운동을 하고 식단을 엄격하게 지키고 있다고 한다. 왜 그렇게 열심히 운동 하느냐는 내 질문에 그는 이렇게 답했다.

"회원님! 진정으로 원하는 것을 하나 얻기 위해서는 하기 싫은 일을 아홉 가지 해야 얻을 수 있습니다. 저도 운동하는 게 너무 힘들고 닭가슴살 먹는 게 지겹지만, 목표가 있으니까 견디는 겁니다."

그렇다. 하기 싫은 일을 해야 원하는 것을 얻을 수 있다는 말이 정답이다.

성공하거나 성공을 향해 달려가는 사람들은 모두 공통점이 있다. 남들이 두려워하고 하기 싫은 일을 꾸준히 한다는 것이다. 운동선수들은 체중감량 또는 식단 조절을 힘들어한다. 하지만 이런 것 없이 경기에서 좋은 성적을 내기란 쉽지 않다. 학생은 의자에 오래 앉아 있는 것을 힘들어한다. 하지만 이런 과정 없이 좋은 성적을 얻는 것은 요행에 가깝다.

특히 세일즈는 이 공식이 더욱 들어맞는다. 세일즈하는 사람들이 가장 하기 싫어하는 것이 무엇일까? 바로 고객들에게 전화(TA: Telephone Approach)하는 것이다. 대부분의 세일즈맨들은 고객에게 전화하는 것을 힘들어한다. 고객에게 시간을 내어 달라고 했을 때 차가운 거절을 받을까 봐 두려워한다. 상품을 제안했을 때 관심 없다는 얘기를 들을까 봐 걱정한다. 두렵고 걱정이 앞서는 것이다.

나도 세일즈에 입문한 지 얼마 되지 않았을 때, 가망 고객들에게 전화해야 하는데 자신감이 없었다. 오전 업무가 시작될 때쯤 전화를 돌릴까 했는데 문득 이런 생각이 들었다. '이제 막 회사 업무를 시작했을 텐데, 지금 전화 거는 건 실례일 거야. 아침부터 세일즈맨의 전화를 받는 건 불쾌할 수도 있어'

점심시간이 다 되어서는 '이제 점심 먹으러 나가는 길일 텐데 지금 전화하면 정신없을 거야' 오후에는 '지금 시간에는 회의를 많이 하는 시간일 텐데…'

저녁에는 '퇴근 시간일 텐데… 이동 중에는 전화 받기 어려울 거야' 온종일 고객의 상황을 예단하면서 전화하지 말아야 할 이유를 스스로 만들어 냈다.

지금도 고객과의 전화는 쉽지 않다. 하지만 두렵고 하기 싫다고 회피하면 당장은 편하겠지만 세일즈맨의 존재 이유가 없어지게 된다. 의사가 진료 보는 것이 귀찮고 힘들다고 해서 진료를 보지 않으면 그 병원이 존재하겠는가? 세일즈맨은 고객과의 접점이 이루어지면서 세일즈 프로세스가 시작된다. 그래서 두렵고 하기 싫더라도 전화기를 들어야만 한다.

그럼 세일즈맨은 항상 두렵고 하기 싫은 일을 해야 하는 직업인 건가? 절대 그렇지 않다. 나는 요즘 고객에게 전화할 때면 걱정과 두려움보다는 설렘이 앞선다. 바쁘다고 나중에 전화를 다시 요청하는 고객도 있지만, 내 전화를 반갑게 받아주는 고객도 많고, 기다렸다는 듯 이것저것 물어보는 고객들도 많다. 그리고 마침 소개해 주고 싶었다며 새로운 가망고객을 소개해주는 경우도 있다.

혹시 '톰 소여 효과'라고 들어본 적이 있는가? 이 용어는 마크트웨인의(Mark Twain)의 소설 《톰 소여의 모험》에서 비롯된 말이다.

말썽꾸러기 주인공 톰은 친구와 싸워 이모에게 벌을 받는다. 이모가 준 벌은 집 울타리에 페인트칠을 하는 것이었다. 톰이 페인트칠하는 모습을 본 한 친구가 톰을 놀리기 시작한다. 하지만 톰은 페인트칠이 굉장히 재미있다면서 본인이 이모에게 부탁하여 페인트칠을 하는 것이라 속인다. 그 말을 들은 톰의 친구는 페인트칠을 너무나 하고 싶어 하기에 이른다. 그리고 톰에게 사과를 주면서 본인이 페인트칠을 하겠다고 한다.

책 내용에서 알 수 있듯이 '톰 소여 효과'는 일을 재미있게 놀이처럼 할 때 동기부여를 얻을 수 있다는 것을 뜻한다. 만약 톰이 불평불만을 하며 페인트칠을 하고 있었다면 친구들에게 놀림의 대상이 되었을 것이 뻔하다. 하지만 톰은 페인트칠을 재미있고 멋지게 했다. 최소한 그렇게 보이게끔 했기에 친구들이 페인트칠을 서로 하고 싶어 한 것이다.

위대한 세일즈맨은 남들이 두렵고 하기 싫은 일을 하는 사람으로만 비쳐서는 안 된다. 오히려 그것을 뛰어넘어 남들이 따라 하고 싶을 정도로 멋지고 재미있게 제대로 해야 한다. 그렇게 보이면 언젠가는 보이는 대로 되기 때문이다.

**고객은 나의 연락을 기다리고 있다.**
**고객은 나의 관심을 필요로 한다.**
**고객은 나를 통해 좋은 정보를 얻길 원한다.**

나는 고객에게 전화를 걸기 전에 항상 이렇게 주문을 건다.

당신도 이렇게 주문을 걸어보라.

분명 기다렸다는 듯 반갑게 맞이해주는 고객이 있을 것이다.

## 05

# 나의 생각이 '박카스'다

"대한민국 피로회복제!"

"난 오늘 나에게 박카스를 사줬습니다."

이 카피로 유명한 박카스. 친구와 농구를 한 후 거친 숨을 내쉬며 "한 게임 더?"라고 했던 그 카피는 그때 당시 선풍적인 인기를 끌었다.

많은 사람이 '피로하다'라는 말을 습관적으로 얘기한다. 대체 '피로'라는 것이 무엇일까? 사전적 의미의 '피로'라는 단어는 '연속 및 반복되는 정신적 육체적 작업에 수반해서 발생하는 심신 기능의 저하 상태'라고 요약되어 있다. 본문에는 '학문적으로는 정의하기 어려운 추상적 개념으로 회복과 더불어 고찰할 때 문제가 되는 모든 사항이 포함되며, 그 생리적 본태도 아직 분명하지 않다'라고 설명되어 있다.

즉, '피로는 무엇이다'라고 정의할 수 없음을 알 수 있다. 세일즈맨은 일이 많으면 피로할까? 만날 사람이 많으면 피로할까?

오히려 반대의 경우가 많다. 만날 사람이 없어서 사무실에 계속 앉아 있을 때 더 피로함과 피곤함을 느낀다.

> **"피곤을 느끼는 가장 큰 원인은 바로 지루함이다."**
> **—데일 카네기의 《자기관리론》 중에서**

세일즈맨도 육체의 격렬한 활동 또는 격무에 시달려 피로한 상태가 되기보다는 감정의 변화와 심리적 불안으로 피로를 느낀다.

그럼 어떻게 덜 피로한 상태를 만들 수 있을까?

아들 연준이는 초등학교 4학년이다. 공부의 부담을 느끼며 숙제를 해야 할 시간이 되면 눈빛부터 이상해진다. 눈에 초점이 흐려지고 말투도 공격적으로 변한다. 연준이에게 공부는 아주 강력한 '피로물질'인 것이다.

그런데, 블록 장난감을 조립할 때면 밤을 새워가며 집중하고 즐거워한다. 공부하기로 약속한 시간은 어떻게든 미루고 나중에 하려고 하는데, 친구와 놀이터에서 만나기로 한 시간은 아주 완벽하게 지킨다. 친구들과 격하게 뛰어놀 때는 절대 지치지 않는다. 저런 에너지가 어디서 나오는지 신기할 정도이다. 하지만 책상에 앉는 순간 다시 눈에 초점이 흐려진다.

세일즈맨이 피로하지 않게 일하는 방법은 바로 이거다. '내가 지금 하는 일을 어떻게든 즐겁게 하는 것.' 즐겁지 않으면 지루해지고 그 지루함이 반복되면 피로해질 수밖에 없다.

고객들에게 전화하는 것을 좋아하는 세일즈맨이 몇 명이나 될까?

나는 유독 고객에게 전화하는 것을 어려워했다. 사실 어려움보다는 두려움이 더 컸다. 입사 초 고객에게 오랜만에 안부 전화를 했는데, "이런 불필요한 전화는 안 주셔도 됩니다"라고 했던 고객의 음성이 귓가에 계속 맴돌아 두려움이 앞섰던 것이다. 하지만 내가 누군가를 만나기 위해서는 반드시 전화에 대한 '트라우마'를 극복해야 했다.

그동안 트라우마를 극복하기 위해 정말 여러 가지 방법을 시도했는데, 그 중에서 이 두 가지 방법이 가장 도움이 됐다.

### ① 우호적인 고객에게 먼저 전화하기

항상 연락하면 "신경 써 주셔서 감사해요. 주훈 씨도 건강 잘 챙기세요"라며 기분 좋게 연락을 받아주는 고객이 있었다. 그 고객에게 먼저 전화를 걸고, 기분 좋은 상태에서 다른 고객에게 연락하면 기분 좋은 감정이 유지되는 경험을 했다.

## ② '오늘은 한 명 더!' 전략

월요일에는 5명에게 전화를 걸고 10명에게 문자 연락을 계획했다면, 화요일은 6명에게 전화를 걸고 11명에게 문자를 보내는 것이다. 수요일에는 다시 7명에게 전화를 걸고 12명에게 문자를 보낸다. 이렇게 금요일까지 매일 '한 명 더!' 늘리는 전략을 썼다. 그리고 이것을 매주 반복했다. 결과가 어떻게 나오든 상관없이 '한 명 더!'라고 외치며 즐거움을 얻고자 했다.

언젠가 후배와 식사하는데 후배가 질문했다.

"저는 고객들이랑 전화하는 게 너무 부담스럽습니다. 그런데, 선배님은 고객들이랑 통화할 때 너무 편하게 말씀을 잘하시는데, 어떻게 하면 그렇게 할 수 있습니까?"

그 후배는 내가 트라우마를 극복하기 위해 부단히 노력했다는 것을 알 리 없다. 나는 최대한 일을 즐기듯 한다. 마치 게임처럼 한다. 온라인 전투 게임을 하다가 상대방에게 사살당했다고 해서 그 게임을 그만두진 않는다. 도리어 오기를 갖고 더 열심히 게임에 몰두하게 될 것이다. 이처럼 세일즈맨은 일을 게임처럼 즐기듯 해야 한다.

고객을 만나는 것도 즐기고 고객이 거절하는 것도 게임처럼 생각해야 한다. 그래야 당신 자신도 지치지 않고 피로하지 않게 일할 수 있다. 고객도 그런 모습의 당신을 전문가로 인식한다.

한스바이힝거 교수는 '마치 ~인 것처럼' 행동하라고 가르친다. '마치 행복한 것처럼', '마치 성공한 것처럼', '마치 즐거운 것처럼' 행동을 하는 것만으로도 피로와 긴장, 걱정을 감소시킬 수 있다는 것이다.

'피할 수 없으면 즐겨라!'라는 얘기가 그냥 나온 것이 아니다. 피로를 풀기 위해 박카스를 먹어야겠다는 생각이 들 때면, 나의 일을 어떻게 하면 즐겁게 할 수 있을지를 생각해 보자.

나의 생각이 곧 '박카스'다!

## 06

# 통제할 수 있는 것에 집중하기

입사 초, 여의도에 근무하는 한 고객을 만났다. 세 번의 상담이 순조롭게 진행된 후 고객이 된 사람이었다. 그에게 소개를 요청하자 흔쾌히 전 직장 동료를 소개 받을 수 있었다.

전달 받은 번호로 전화를 걸었다. 처음에는 바쁘다며 나중에 전화를 달라 했고, 그다음에는 전화를 받지 않았다. 약 일주일 후에 다시 그 고객에게 전화를 걸었다. 그리고 며칠 후 점심시간에 잠깐 보기로 약속을 잡았다.

약속 당일 아침에 문자를 보냈다. '오늘 점심때 뵙기로 한 주훈입니다. 도착해서 연락드리겠습니다' 고객으로부터 답변은 없었으나 거절의 연락이 없었기에 긍정의 신호로 받아들이고 약속 장소에 나갔다.

도착해서 고객에게 전화했지만 연락이 되지 않았다. 바쁜 일 때문에 전화를 받지 못할 수 있으니 메시지를 남기고 약속 장소에서 기다렸다. 30분이 지나고 다시 한 번 전화를 걸었다. 여전히 전화는 받지 않았다.

'오늘 뵙기로 약속한 주훈입니다. 약속 장소에서 기다리고 있습니다'라는 메시지를 다시 남기고 1시간을 더 기다렸다.

사실 나는 알고 있었다. 고객이 나를 만나고 싶어 하지 않는다는 것을. 영업하는 사람을 부담스러워한다는 것을. 그러나 현실을 부정하고 싶었고, 내 생각이 틀리길 바랐다. 하지만 현실은 냉혹했다. 이런 경험을 하고 나면 정신적 육체적 에너지가 많이 소모된다. 그냥 웃어넘길 수 있어야 하는데, 자존심에 상처가 남아 한동안 끙끙거린다.

나는 그날 통제할 수 없는 것에 매달리고 있었다. 고객의 마음을, 고객의 상황을 내가 통제할 수 없는 것에 마냥 매달리고 있었던 것이다.

세일즈를 하다 보면 외부적인 요소는 대부분 통제할 수 없다. 날씨, 정치, 경제는 물론 회사의 운용방안, 상품의 변경. 우리 삶에 밀접한 영향을 끼치는 요소들이지만, 통제할 수 없는 영역이다. 심지어 고객의 반응과 고객의 결정도 우리는 통제할 수 없다. 통제할 수 없는 것에 매달리고 집착하다 보면 불평과 불만이 생기기 마련이다.

이것을 알고 난 후 통제할 수 없는 것에 집착을 버리기로 결심했다. 그리고 통제할 수 있는 것에 집중하기 시작했다. 통제할 수 있는 것은 대부분 내 안에 있다.

오늘 몇 시에 일어날 것인지, 누구에게 연락할 것인지, 어디에 갈 것인지, 현 상황을 어떻게 바라보고 생각할 것인지. 통제할 수 있는 것에 집중하다 보면 통제할 수 없는 것에 영향을 덜 받게 된다.

고객과의 약속이 갑자기 취소되면 예전에는 한동안 멍하니 있었다. 하지만, 지금은 감사한 마음으로 책을 읽고 글을 쓰고 공부한다. 고객이 내 제안을 받아들이지 않는다면 더 좋은 프로그램으로 다시 오라는 의미로 받아들이고, 다음 약속을 준비한다.

같은 상황에서도 어떻게 행동할지에 대해 스스로 통제함으로써 다른 결과물을 얻어낼 수 있다.

코로나19 팬데믹 상황에서는 여러 가지 이유로 고객을 편히 만나기 어려운 상황이었다. 이런 외부 상황을 핑계 삼아 본인의 무능함을 합리화 시키는 데 활용하는 세일즈맨을 많이 봤다. 앞서 말했듯 통제할 수 없는 것에 매달리고 집중할수록 불평과 불만이 가득 한 삶을 살게 된다. 불평불만이 늘어 갈수록 상황은 더욱 악화된다. 그런 사람을 좋아하거나 도와주고 싶어 하는 사람은 없기 때문이다.

하지만 이 시국에도 누군가는 고객을 만나 성과를 낸다. 나 또한 코로나19로 한참 힘든 시기인 2021년도에 가장 높은 성과를 달성했다.

누구에게나 힘든 상황인 것은 같다. 그러나 힘든 상황에서도 고객에게 전화하고 안부를 물으며 어떻게든 다가가기 위해 노력하는 세일즈맨이 있다. 각종 영상물 또는 홍보지를 제작해서 고객들에게 보내기도 한다. 본인이 통제할 수 있는 것에 집중하고 있다는 증거이다.

이제부터라도 통제할 수 있는 것에 집중하자. 지금 당장 내가 할 수 있는 것을 해나가자. 대부분의 세일즈맨에게는 어려운 외부 상황들이 항상 '걸림돌'이다. 하지만 위대한 세일즈맨에게는 본인의 능력을 입증하고 역량을 더 발전시킬 수 있는 '디딤돌'이 된다.

# 누가 봐도 '될 놈'이었어

고객과 점심을 먹고 사무실에 들어왔는데, 후배 한 명이 혼자 사무실을 지키고 있었다. 점심은 먹었는지 물어보니 아직 먹지 못했다고 한다. 혼자서는 밥을 잘 못 먹겠다며 굶으려고 한다는 것이다. 무슨 일이 있어도 끼니를 거르지 않으려 노력하는 나에게는 있을 수 없는 일이었다.

"혼자서 밥 먹는 게 힘드니?"
"네… 괜히 왕따처럼 보일 거 같기도 하고, 외롭게 보이는 게 싫어서요."

맞다. 나 역시 예전에는 남들의 시선을 무척이나 신경 쓰며 살았다. 이 옷을 입으면 사람들이 나를 어떻게 평가할까. 이렇게 행동하면 사람들이 나를 어떻게 생각할까. 고민하고 걱정했던 때가 있었다.

**승차감보다 하차감!**

**하차감 끝판왕!**

한 기사에서 본 내용이다. 한 수입차 점유율이 역대 최고를 경신하고 있고, 이 수입차는 승차감보다 하차감이 좋다고 표현한 것이다. 여기에서 말하는 '하차감'은 승차감에서 파생된 말로, 차에서 내릴 때 주변 사람들이 쳐다보는 시선에서 받는 느낌을 말한다.

앞에 두 사례 모두 남의 시선을 의식하는 것은 같다. 그러나 그 시선이 하나는 자신감이 내려가는 결과를 만들었고, 다른 하나는 자신감이 올라가는 결과를 만들었다. 중요한 것은 남들이 보내오는 시선 자체에 있는 것이 아니다. 자신의 중심, 즉 가치를 어디에 두고 있는지가 중요하다.

중심이 내가 아닌 남들에게 옮겨가 있다면, 해야 할 일을 하지 못하게 되거나 과도한 스트레스로 삶에 부정적인 영향을 끼칠 수 있다. 그러나 내면의 가치에 중심을 둔 상태에서는, 오히려 남들의 시선이 건강한 긴장감을 주는 긍정적인 역할을 하기도 한다.

후배들과 얘기를 나누다 보면 "나름대로 열심히 하고 있다, 최선을 다하고 있다'라는 식의 말을 자주 듣게 된다.

과연 남들이 봤을 때도 그들이 최선을 다해 열심히 하고 있다고 생각할까?

내가 보험세일즈를 통해 회사 최고 직급에 올랐을 때, 많은 동료 선배가 이런 얘길 해주었다.

"너는 될 줄 알았어."

"네가 되지 않으면 누가 되겠니."

"너는 누가 봐도 될 놈이었어."

나는 내가 될 줄 몰랐는데, 오히려 남들은 내가 될 줄 알았다고 했다.

우리는 남들에게 이런 시선을 받아야 한다. 남들의 시선으로부터 자유로울 수 없다면 그것을 이용해야 한다. 즉, 누가 봐도 '쟤는 될 놈이야!'라는 생각이 들게끔 해야 한다. 남들의 시선 때문에 행동이 주눅 들고 무언가를 못 하는 사람이 아니라, 오히려 '하차감'을 누리듯 남들의 시선을 끌게끔 행동해야 하는 것이다.

당신 동료 중에 출근을 가장 먼저 하고, 퇴근을 가장 늦게 하는 세일즈맨. 성실하게 긍정적으로 생각하는 세일즈맨. 불평불만보다는 감사함을 찾으려

하고 부족함을 채우기 위해 항상 공부하는 세일즈맨. 이런 동료가 좋은 성과를 내고 있다면, 당신은 어떤 생각이 들겠는가? 맞다. '쟤는 될 놈이야!'라는 생각을 할 것이다.

당신이 원하는 무언가를 성취했을 때를 상상해보자.

주변 사람들이 수군거리며 당신을 의심하고 의아하게 볼 수도 있다. "쟤가 어떻게 이런 결과를 내고 있지?", "한 번쯤 그냥 운이 좋았을 거야."

또는, 반대로 "너는 될 놈이었어.", "드디어 너의 노력이 빛을 발휘하는구나."라며 축하해줄 수도 있다.

당신은 어떤 시선을 원하는가?

나는 당신이 누가 봐도 될 놈이었다고 평가받길 응원한다.

# 매일 10점짜리 하루를 만들어라

유년 시절 학교 방학이 시작될 무렵이면 항상 교실에서 '방학 생활 계획표'를 세웠던 게 기억난다. 물론 계획은 계획일 뿐 계획대로 일과를 보낸 적은 없었다. 매번 개학을 며칠 앞두고 그간 밀린 일기와 과제를 하느라 진땀을 흘려야만 했다.

'세 살 버릇 여든까지 간다'라는 속담이 있듯, 성인이 되었다고 계획을 잘 세우게 된 건 아니었다. 계획을 세웠다 하더라도 실천에 옮기는 것을 힘들어했다. 매일 최선을 다하는 마음으로 살아왔지만, 일과에 대한 계획을 세우지 않고 주먹구구식으로 살다 보면 알게 모르게 놓치는 것들이 많았다.

특별히 뭘 한 것도 없는데 하루가 금세 지나간 경험을 다들 한 번쯤은 해봤을 것이다. 일과를 어떻게 보내는지는 누구에게나 중요하다. 특히 세일즈맨은 매일 고객과 접점에 있으며, 고객과 호흡을 같이 하기에 더욱 중요하다. 가끔은 하루를 허투루 보낼 수도 있겠지만, 세일즈맨에게는 그 결과가 하루로 끝나는 것이 아니라 다음 날 또는 다음 주 일정까지 영향을 끼친다.

일이 잘 안되거나 힘든 일을 겪게 되면 고객에게 전화를 거는 것도, 고객 응대를 하는 것도, 어렵고 두려울 때가 있다. 이럴 때면 당장 그 상황을 회피하고 싶은 마음에 모든 것을 미루게 되기 마련이다. 하지만 그렇게 되면 결과는 불 보듯 뻔하다. 계속 힘든 일이 반복된다.

이런 악순환의 늪에 빠지지 않기 위해 나는 매일 10점짜리 계획을 세운다. 오늘 해야 할 일을 아주 사소한 것부터 중요한 것까지 생각나는 대로 나열하는 것이다.

운동하기, 신문읽기, 영양제 챙겨 먹기, 물 2ℓ 마시기, 기념일 맞이한 고객에게 편지쓰기, 고객 10명에게 전화하기, 책 10페이지 읽기 등.

오늘 해야 할 일을 나열하고 항목별로 중요도에 따라 점수를 부여한다.

1. 운동하기 : 1.5점

2. 신문 읽기 : 1.5점

3. 영양제 챙겨 먹기 : 0.5점

4. 물 2ℓ 마시기 : 0.5점

5. 고객에게 편지 쓰기 : 2점

6. 고객 10명에게 전화하기 : 3점

7. 책 10페이지 읽기 : 1점


그리고 하루를 마무리하며 잠들기 전 스스로 점수를 매긴다. 계획을 모두 수행했으면 10점짜리 하루가 되는 것이고, 6번 항목인 고객 10명에게 전화하지 못했다면 -3점이 차감되어 7점짜리 하루가 되는 것이다. 이렇게 매일 하루를 계획하고 평가하면 긍정적인 자극도 받게 되고 반성의 시간을 가질 수 있다.


중요한 핵심은 아주 사소한 것이라도 계획에 적어두고 실행했는지 매번 평가해야 한다는 것이다. 나는 이렇게 하루 일과표를 작성하면서 급한 일과 중요한 일을 구별할 수 있는 안목을 갖게 되었다. 항상 바쁘고 시간이 없다고 입버릇처럼 말했던 내가, 누구보다 시간을 효율적으로 사용할 수 있게 된 것이다.


멋있어 보이는 거창한 계획을 세우려 하지 말자. 내일 아침 물 한 잔 마시고 신문이나 책 읽기를 계획하여 실천해보라. 아주 사소해 보이는 계획을 실천함으로써 실행력에 대한 자신감을 얻고 그것을 습관화하는 데 집중하자.


부자에게도 가난한 자에게도 노인에게도 어린이에게도 하루는 공평하다.

하루를 어떻게 만드느냐는 누구의 간섭도 없이 스스로 결정할 수 있다.


여기서 중요한 것은

그 하루를 어떻게 계획하고 보내느냐에 따라

미래의 모습이 엄청난 격차를 보인다는 것에 있다.

5장 영업의 비밀 Ⅲ : 믿음과 태도의 힘

09

# 결과는 시간차를 두고 온다

"선배님, 저는 아무래도 영업 체질이 아닌 거 같습니다…"

농수산물 시장에서 전단지를 뿌리며 개척 영업을 하던 후배가 있었다. 더는 만날 지인이 없다며, 고민 끝에 선택한 방법이 개척 영업이었다. 두 달 동안 새벽에 열심히 나가보았지만 성과가 전혀 없었던 듯했다.

"내가 농수산물 시장의 상인이라면, 이제 두 달 정도 얼굴 보인 세일즈맨에게 상품구매 하는 게 쉽진 않을 것 같은데…? 이왕 시작한 거 조금 더 해봐!"

후배에게 개척 영업을 더 해보라고 권유했지만, 그 후배는 개척 영업을 중단했다. 그리고 얼마 지나지 않아 퇴사했다.

절기상 '하지(下地)'는 태양이 가장 높이 뜨고 낮의 길이가 가장 긴 날이다.

태양이 비추는 시간이 가장 길기에 이론상 가장 더운 날이어야 한다. 그러나 하지는 대개 6월 22일 무렵인데, 우리는 6월을 가장 더운 날이라고 느끼지 않는다. 보통 하지가 지나고 보름 또는 한 달 후에 '소서(小暑)'와 '대서(大暑)'를 가장 덥다고 느낀다. 7월 22일 경인 대서에는 '염소 뿔도 녹는다'라는 속담이 있다. 하지로부터 약 한 달이 지나야 더위가 절정을 보이는 것이다.

이처럼 모든 일에 대한 결과는 시차를 두고 온다. 시장 상인들은 두 달간 개척 영업을 했던 후배를 유심히 보고 있었을 수도 있다. 그리고 조금 더 지켜보고자 했을 것이다. 하지만 그 후배는 절기상 소서와 대서를 기다리지 못한 것이다.

대부분의 세일즈 조직은 다음 달 실적보다 당장 이번 주 또는 오늘의 실적을 중요하게 여긴다. 그러다 보니 중장기 실적보다 단기 실적에 초점을 맞추어 일하게 된다.

하지만, 잊지 말아야 할 것이 있다.

9월 23일은 절기상 '추분(秋分)'으로 논밭의 곡식을 거두어들이는 시기이다. 하지로부터 약 3개월 후에야 무언가를 얻게 되는 것이다. 오늘의 노력이 내일 당장 결과로 나타나지 않더라도, 무의미하게 땅에 떨어지지 않음을 믿어야 한다.

세일즈를 하다 보면 키맨(Key man)을 만날 때가 있다. 키맨을 통해 좋은 고객을 소개받기도 하고, 수개월 동안 해야 할 실적을 하루아침에 달성하는 때도 있다.

바로 이때 우리가 경계해야 할 것이 있다. 나태함이다. 노력의 결과가 시차를 두고 오듯 나태함의 결과도 시차를 두고 오기 때문이다.

당신이 지금 나태한 삶을 살고 있다 하더라도 소득이 당장 줄어들지 않을 수 있다. 실적도 적당히 유지될 수 있다. 오늘 담배를 피웠다고 해서 당장 큰 병에 걸리거나 죽지 않는 것처럼 말이다.

하지만 우리는 알고 있다. 나태함을 떨쳐내지 못하면 어떤 결말이 기다리고 있는지를.

모든 결과물은 시차를 두고 온다는 것을 명심해라.

당신이 지금 어떻게 행동하느냐에 따라 결과는 정해져 있다.

# 3부

# 위대한 세일즈맨으로
# 성장하라

# 6장

위대한 세일즈맨의 6가지 습관

01

# 독서 : 책을 통한 위로와 성장

영업 초기에 한동안 개척 영업을 했다. 매주 목요일 지점 미팅이 끝나면 인천 강화도로 향했다. 만날 사람이 없었기에 선택한 방법이었으나, 개척 영업은 생각보다 쉽지 않았다. 강화도 내에 음식점과 숙박업소를 돌며 전단을 뿌리고 업체 사장님께 말을 걸었다. 하지만, 지식과 경험이 없는 초짜 세일즈맨에게 관심을 줄 사람은 단 한 명도 없었다.

지인들에게 상처받는 게 두려워 개척 영업을 했는데, 오히려 자존심과 자존감이 더 떨어지고 있었다. 돌이켜 보면 성과를 얻기 위해 개척 영업을 한 것은 아니었다. 세일즈맨으로서 최소한의 활동을 하고 있다고 스스로 위로받고자 했던 활동이었다.

개척 활동은 항상 시간이 여유로웠다. 그럴 때면 차에서 핸드폰을 만지작

거리며 시간을 보내기 일쑤였다. 종일 무의미하게 핸드폰을 보는 것도 지겨웠다. 하루는 편의점에서 《지선아 사랑해》라는 제목의 책을 한 권 구매했다.

이 책의 작가인 이지선 씨는 2000년 7월 스물세 살 나이에 음주 운전자가 낸 교통사고로 중대한 화상을 입게 된다. 살 가망이 없던 그녀는 30번이 넘는 수술을 해야 했다.

절실한 크리스천이었던 그녀는 자신이 겪는 고통을 감당하기 힘들어하며 이렇게 기도했다.

"하나님, 나 어떡하실 거예요? 살려 놓았으면 무슨 대책이 있으실 거 아니에요. 나 좀 도와주세요."

그때 한 목사가 그녀를 위해 기도해주었다.

"사랑하는 내 딸아. 너를 세상 가운데 반드시 다시 세우리라. 그리고 힘들고 아프고 병든 자들에게 희망의 메시지가 되게 하리라."

이 대목을 읽는 순간 눈이 뜨거워지면서 눈물이 나기 시작했다. 한동안 눈물을 멈출 수가 없었다. 자존심과 자존감이 바닥에 떨어져 있던 내게 하나님이 이 책을 통해 위로와 용기를 주시는 듯했다.

나는 어릴 적부터 '난독증'이라고 생각할 정도로 활자에 대해 거부 반응이 있었다. 책을 읽어야 할 필요성도 느끼지 못했고, 책을 읽더라도 집중력이 쉽게 흐트러지기 일쑤였다. 책을 읽으면 도움이 될 거라는 막연한 생각은 있었지만, 습관이 되어 있지 않으니 알레르기 반응이 일어났다.

그랬던 내가 그 책을 완독하고 위로와 용기를 얻게 된 것이다.


그날 이후로 유명인들의 에세이를 읽으면서 책에 흥미를 느끼기 시작했다. 에세이는 그림과 사진이 많이 첨부되어 있고, 대화체가 주를 이루고 있어서 쉽게 읽을 수 있었다. 그 후로 매월 한 권의 책을 읽는 것을 목표로 삼았다. 하지만 이것도 쉽지 않았다.


그래서 매월 책을 읽는 것이 목표가 아닌, 매월 5권의 책을 구입하는 것을 목표로 변경했다. 책을 읽는 것은 어려웠지만 구입하는 것은 손쉽게 할 수 있었다. 시간이 나면 서점에 가서 마음에 드는 책을 구입하고, 온라인에서도 수시로 책을 구입했다.

덕분에 항상 책상에는 책들이 수북하게 쌓여 있었다. 지금도 읽은 책 보다 읽지 못한 책이 더 많이 쌓여있다. 하지만 책 읽기의 욕구를 끌어올리는데 충분한 도움이 되었다.


지금은 매주 1권 이상의 책을 읽고 독후감을 쓴다. 인문학, 심리학, 경제, 금융, 부동산 등 다양한 분야의 책을 읽는다.

책을 한 권 읽으면 고객에게 한 마디 더 얘기할 힘이 생긴다. 상처받고 쓰러질 때면 책을 통해 위로받고 다시 일어설 수 있는 용기를 갖게 된다. 그래서 지금의 나에게 책은 스승이자 친구이자 내면을 들여다보게 하는 거울이다.

수 개월간 책을 쓰는 과정을 통해 책 한 권에 엄청난 에너지가 들어간다는 것을 경험했다. 한 페이지 분량의 글을 쓰는 것도 수백 번 생각하고 수십 번 수정하는 작업이 들어간다. 그냥 입으로 내뱉는 것과는 차원이 다른 깊이가 담겨 있다.

책은, 이런 소중한 경험과 지혜를 1~2만 원의 비용으로 얻어 갈 수 있게 해 준다. 책이야말로 정말 값진 소비이자 가장 확실하고 높은 수익률을 보장하는 재테크이다.

세일즈를 하는 사람들은 더욱이 책을 많이 읽어야 한다. 다양한 사람들을 만나고 다양한 상황을 수용하기 위해서는 세일즈맨의 인격과 인품이 겸비되어야 하기 때문이다. 이것을 높이는데 가장 확실한 방법이 재차 강조하듯 책을 읽는 것이다.

**"생각을 바꾸면 행동이 바뀌고, 행동이 바뀌면 습관이 바뀌고,**
**습관이 바뀌면 인격이 바뀌고, 인격이 바뀌면 운명이 바뀐다."**

윌리엄 제임스의 말이다. 나는 책을 읽으면서 생각의 한계를 넓힐 수 있었다. 생각의 폭이 넓혀지니 행동의 변화가 찾아왔고, 행동의 변화는 나의 삶을 긍정적으로 변화시켜 주었다.


의도적으로 책을 항상 곁에 두고 읽어라.

어떠한 책이라도 좋다.

제목이라도, 목차라도 읽어라.

그것만으로도 생각의 폭을 넓혀줄 수 있고 삶에 좋은 에너지를 얻게 된다.

# 02

# 기도 : 마음의 평온

미국의 의사 존 자웨트는 감사하는 마음으로 식사 기도를 드리고 음식을 먹는 사람들을 연구했다. 그 결과 기도하지 않는 사람들에게는 없는 세 가지 특이한 물질을 발견했다고 한다.

그의 보고서에 소개된 이 물질은 규명할 수 없는 백신(Vaccine), 안티옥신(Antitoxin), 안티셉틴(Antiseptin)인데, 각종 병균의 침입을 막으며, 소화 흡수를 도와 사람들의 건강을 증진시키는 역할은 물론 치료에까지 도움을 준다고 한다.

나는 하루에도 여러 번 기도한다. 아침에 일어나서 한 번, 고객을 만나기 전에 한 번, 잠자리에 들기 전에 한 번.

여기에서 내가 말하는 기도는 종교적인 고정관념을 벗어나서 자신에게 하는 위로와 응원이자 다짐과도 같다.

만나는 고객들에게 물건을 판매하고 서비스를 가입시켜야 하는 세일즈맨들은 항상 실적에 쫓기게 된다. 그러다 보면 고객을 도와주는 역할이 아닌, 고객을 압박하는 존재가 된다. 고객은 압박하는 세일즈맨에게 벗어나고 싶어 한다. 때문에 점점 둘의 관계는 멀어지고 이때부터 악순환이 시작된다.

고객들이 세일즈맨을 부담스러워하는 이유는 세일즈맨의 존재가 아니다. 세일즈맨의 '압박' 때문이다.

세일즈맨의 업무는 고객을 돕는 일이다. 고객이 더 좋은 물건을 구매할 수 있도록, 고객이 더 나은 서비스를 받을 수 있도록, 고객이 더 좋은 선택을 할 수 있도록 돕는 것이 핵심이다. 이러한 본질적 핵심을 잃어버리는 순간 세일즈맨은 실적과 돈을 좇게 된다. 쫓고 쫓기는 상황에서 한쪽이 승리했다 하더라도 그 영광은 오래가지 못한다.

고객을 만나기 전에 차에서 또는 카페에서 잠시 눈을 감고 두 손을 모아 기도한다.

"오늘 나의 얘기가 고객의 마음에 전달되어 재정적 안정과 마음의 평화가 깃들기를 바랍니다."

세일즈맨이 고객의 생각과 마음을 느낄 수 있는 것처럼, 고객도 세일즈맨의 생각과 마음을 느낄 수 있다. 그러니 항상 고객과의 상담 전에는 기도를 통해 마음을 편히 하고 고객을 맞이해야 한다.

나의 일과는 새벽 5시에 시작된다. 아침잠이 많은 편이라서 항상 알람을 여러 개 맞춰 놓는다. 첫 번째 알람은 새벽 4시 55분부터 시작되고 2~3분 단위로 알람이 계속 울린다. 겨우겨우 두세 번째 알람이 울릴 때쯤 잠자리에서 일어나면 곧바로 기도부터 한다.

단, 여기서 주의할 점은 너무 기도를 길게 하면 안 된다는 것이다. 자칫하면 다시 잠들 수 있으므로 주의해야 한다.

"감사한 마음으로 하루를 시작할 수 있게 해주셔서 감사합니다. 나의 능력이 더 크게 쓰일 수 있기를 바라며, 항상 겸손하고 담대한 마음으로 나아가길 바랍니다."

정신없이 바쁜 일과를 마무리할 때면 오만가지 생각들이 머릿속에 박혀 있다. 고객과 관련된 생각, 영업 실적과 관련된 생각, 다음 주 스케줄 등 해결되지 않은 골칫거리들이 머릿속에 자리 잡고 있다. 이런 것들이 정리되지 않은 상태에서 잠자리에 들면 나의 정신적 건강은 물론 육체적으로 편안한 상태를 만들 수 없기에 기도를 통해 정화해야 한다.

"오늘 하루도 무사히 마무리할 수 있게 도와주셔서 감사합니다. 나의 발걸음이 헛되지 않고 만나는 사람들에게 선한 영향력을 줄 수 있게 허락해주셔서 감사합니다."

아침기도와 달리 저녁기도는 조금 길게 해도 괜찮다. 기도하다 잠드는 것도 큰 축복이니.

오래전부터 후배들에게 기도하라는 조언을 해왔다. 이런 조언에 종교가 없는 사람은 어떻게 기도해야 하냐고 묻는 후배도 있었다. 내가 말하는 기도는 앞에서 말했듯이 종교적 기도가 아니다. 자신과의 대화일 수도 있고, 내 생각과 마음을 다시 한번 되뇌며 다짐하는 의식이라고 생각하면 좋을 것 같다.

모든 일이 마찬가지겠지만 세일즈맨들은 유독 사람들과의 관계에서 상처를 많이 받는다. 이러한 상처들 때문에 세일즈를 힘들어하기도 하고, 관두는 이유가 되기도 한다. 그러므로 세일즈맨들은 누구보다 기도를 많이 해야 한다. 기도를 통해 항상 세일즈의 본질을 상기시키고, 마음을 평안히 함으로써 고객을 안아줄 수 있는 넓은 가슴과 마음을 유지해야 한다.

기도한다고 해서 본질적인 문제가 당장 해결되지는 않는다. 하지만 기도는 나의 마음을 평온하게 하고 그로 인해 생각을 정리시킨다. 행동을 올바르게 함으로써 궁극적으로 본질적인 문제를 해결하는 데 가장 큰 도움을 준다.


혹시라도 지금 복잡한 일이 있거나 어려움을 겪고 있다면 꼭 한번 기도해보길 바란다. 그리고 무언가를 바라는 기도보다는 내게 주어진 것들에 대한 감사의 기도, 나를 위한 것보다는 남을 위한 기도를 경험해보길 바란다.

그 기도가 당신을 더 풍요롭게 해줄 것이다.

03

# 편지 : 신뢰의 힘

2012년, 서울에서 경기도로 이사를 가게 됐다. 대중교통으로 출퇴근하는 것이 만만치 않아서 출퇴근용 차를 한 대 구입하기로 했다. 집 근처 자동차 전시장에 방문하니 20대 중반으로 보이는 젊은 영업사원이 안내해주었다. 긴장하는 모습이 역력했고, 서투른 모습까지 한눈에 봐도 신입임을 알 수 있었다.

통상적으로 남자들이 차를 구매하는 패턴은 이렇다. 우선 마음에 드는 차를 정한다. 그리고 전시장에서 여러 번 실물을 보고 시승도 해본다. 그 후 알고 지내는 자동차 영업사원에게 연락해서 차를 구매한다. 주변에 자동차 영업사원이 없으면 지인에게 소개받아 차를 구매한다. 나 또한 친한 친구가 해당 브랜드 자동차 영업사원으로 있었기에 그날은 그냥 구경만 하려 했었다.

간단히 전시장을 둘러보고 나가려는데, 그 영업사원이 나에게 봉투를 하나 건넸다.

"이게 뭐예요?"
"제가 신입인데, 제 열정을 담아 고객들에게 편지를 써서 드리고 있습니다. 집에 가서 한번 읽어보세요."

편지의 내용은 이랬다.

**안녕하세요. ○○ 자동차 신입사원 ○○○입니다.**
**먼저 소중한 시간 내주시어 지점에 방문해 주셔서 진심으로 감사드립니다.**
**오늘 상담은 또 하나의 인연의 시작이라고 생각합니다.**
**아침에 거울 앞에서 외쳐보았습니다.**
**"내가 아닌 고객을 위한 하루가 되어보자!"라고요.**
**저는 이 영업을 시작할 때 새긴 신념이자 저만의 영업 철학이 있습니다.**
**바로 소통과 감사입니다.**
**항상 모든 정보를 고객님과 나누며, 안내해드리고자 노력할 것이며,**
**'매사에 감사해야 한다'라는 신념을 갖고 일을 처리하고 있습니다.**
**단순히 자동차를 판매하는 영업사원이 아니라**
**차량을 구매하고 난 이후에도 사후관리에 만전을 기하고**
**신입사원의 열정과 초심의 마음으로 영업하겠습니다.**
**꼭 기억해주시고 연락 부탁드립니다.**

투박한 편지지와 투박한 필체. 특별한 것 없는 편지의 내용은 세련되거나 멋지진 않았지만, 내 마음을 흔들기에 충분했다.

다음날, 편지를 준 영업사원에게 차를 계약하겠다고 연락했다. 그리고 지인들에게도 여러 차례 소개해주었다. 손 편지를 한 장 읽는 시간은 아주 잠깐이면 충분하다. 하지만 한 자 한 자 쓰기 위해서는 수십 배의 시간이 투여된다. 그 노력과 정성을 알기에 그 영업사원이 용기를 얻고 잘 되었으면 했다.

가끔 고객들에게 손 편지를 작성해서 보내긴 했지만, 자동차 영업사원에게 감동한 후로 더욱 열심히 생일, 출산, 연금 개시 등 다양한 상황에 맞게 하루 평균 3~5통의 손 편지를 작성해서 보낸다.

편지를 작성하는 그 시간만큼은 오롯이 상대방을 생각하고 그 상대방과 대화하는 시간이 된다. 꾹꾹 정성을 담아 눌러쓴 편지 한 장이 상대방에게 전달될 때, 미소를 지으며 아주 잠시나마 나를 생각할 것이다.

다양한 메신저로 손쉽게 텍스트를 보낼 수 있는 요즘, 손 편지는 비효율적이라고 느껴질 수 있다. 그럼에도 불구하고 당신이 정성으로 써서 보낸다면, 고객은 나를 더 많이 생각하고 있고 나를 위해주고 있다고 느끼기에 충분할 것이다.

편지 : 신뢰의 힘

04

# 침묵 : 에너지의 축적

세일즈맨은 유독 말을 많이 한다. 입만 살아있으면 먹고산다는 우스갯소리가 있을 정도이니 말을 많이 하는 직업임이 틀림없다. 그래서 나는 오히려 '침묵'하라고 강조한다.

말은 에너지의 표현이자 표출이다. 하루에도 우리는 수십 명의 사람과 연락하고 만난다. 이 과정에서 에너지를 얻을 때도 있지만 세일즈를 하는 사람들은 대부분 에너지를 쏟게 된다. 우리에게 에너지는 무한(無限)하게 존재하지 않는다. 즉, 유한(有限)하기에 적절하게 분배하여 사용하여야 한다. 그래서 나는 침묵한다.

"어제 뉴스 봤어? 연예인 A랑 B랑 열애 기사 올라왔더라."
"가수 C가 건물 샀다는 기사 봤어?"

동료들과 항상 일에 관한 내용만을 얘기할 수는 없다. 하지만 연예인이나 정치인들의 가십거리는 우리에게 결코 도움이 되지 않는다. 이런 것이 유한한 에너지를 갉아먹는 것 중 하나이다. 이런 얘기가 나오면 그 자리를 피하거나 침묵해야 한다.

SNS도 마찬가지다. 고객들과 소통을 위한 창구로 SNS가 사용되고 있지만, 우리의 에너지를 갉아먹는 것 중 하나이다. 나는 책을 쓰기로 한 이후부터 SNS를 하지 않는다. 그리고 그 시간에 책을 읽거나 글을 쓰는 습관을 들이고 있다.

의도적으로 침묵하려고 애쓴 후부터 실수가 잦아들었다. 말을 많이 하다 보면 의도치 않게 실수할 때가 있다. 뱉은 말은 다시 되돌릴 수 없기에 누군가에게 오해받을 수도 있고 상처를 줄 때가 있다. 그리고 그 상황을 다시 되돌리기 위해 더 많은 에너지를 쏟아붓게 된다. 최악의 상황이다. 당신이 살아가면서 이런 실수를 하지 않는 것만으로도 불필요한 에너지를 막을 수 있다.

몇 년 전 1,500여 명 앞에서 강연한 적이 있다. 약 2시간 정도 열정적으로 강의를 한 후에 이틀 동안 끙끙대며 앓아누웠다. 그만큼 에너지가 많이 사용되었다는 것이다.

사내에서 또는 외부에서 강의할 때면 상황과 시기에 따라 매번 강의를 통해 전하고 싶은 메시지가 있는데, 그 메시지를 온전히 전달하기 위해서는 나의 에너지가 평소에 잘 관리되어 있어야 한다. 그래서 의도적으로 침묵하려 한다.

간혹 어색함 때문에 침묵을 깨려는 경우가 있다. 혼자 있을 때도 그렇지만 특히 누군가와 함께 있을 때는 침묵하기가 더 어렵다. 나 역시 그랬다. 억지로 말을 건네고, 음악을 듣고, 핸드폰을 만지작거렸다.

그러나 우리는 침묵에 익숙해져야 한다.

하나의 방법으로 나는 가급적 혼자 있는 시간을 만든다. 고객을 만나고 비즈니스 미팅이 아니라면 왕따를 자처한다. 그래야 온전히 침묵하고 그 시간을 통해 오롯이 에너지를 축적할 수 있기 때문이다. 에너지가 충분한 상태여야 중요한 일을 더 집중해서 처리할 수 있게 된다.

세일즈맨이 일의 성과를 내기 위해서는 반드시 에너지가 들어간다. 좋은 음식을 섭취하고 꾸준한 운동을 통해 에너지를 만드는 것도 중요하지만, 에너지를 불필요하게 소비하는 일을 줄이는 것도 못지않게 중요하다.

침묵을 연습하고 그 상황에 익숙해져라.

그래야 에너지가 축적되고 그만큼 당신이 성장할 수 있다.

# 공간 : 온전한 집중

고객들과 상담 시 주로 카페를 이용한다. 카페를 들어설 때면 인테리어나 조명 또는 가구 등의 배치에 따라 따뜻함을 느낄 때도 있고, 편안함을 느낄 때도 있다. 물론, 반대의 경우도 있다. 그래서 가급적 좋은 느낌을 주는 공간을 찾게 된다.

수능을 앞둔 고등학교 3학년 조카가 있는데, 매일 독서실을 왔다 갔다 한다. "번거로우니까 집에서 공부하는 건 어때?"라고 물어보니 "집에 있는 책상이 더 넓고 좋지만 공부하는 분위기가 달라요. 독서실에서 공부해야 더 집중이 잘 돼요"라고 대답한다.

명확하게 설명할 수는 없지만 분명 공간이 주는 에너지가 있다.

회사에서 'Executive(이사급)'로 커리어 패스를 하면, 나만의 공간을 제공 받게 된다. 그래서 지금은 혼자 조용히 음악을 들으며 업무를 볼 수도 있고, 커피를 내려 마실 수도 있고, 서재처럼 꾸밀 수 있는 공간도 있다. 하지만 과거 10여 년 넘게 사무실 책상을 제외하고는 나만의 공간이 없었다.

개인적인 성향에 따라 다르겠지만 나는 고객과 통화 시 주변에 누군가가 있다는 게 불편했다. 그래서 회의실에 들어가서 조용히 통화하거나 차 안에서 주로 통화했다. 다른 동료들의 전화 통화를 듣는 것도 불편했기에, 주로 외부에서 업무를 보았다. 여기서 외부 공간은 사무실 주변에 있는 조용한 카페를 말한다.

자주 가는 카페에는 사장님도 모르는 나만의 지정석이 있었다. 구석지고 음악 소리도 적게 들리고, 와이파이도 잘 되는 곳이 나의 지정석이었다.

나는 그곳에서 수많은 고객과 통화했고, 그들을 위한 편지도 작성하고, 수십 권의 책을 읽었다. 그리고 때로는 힘든 일이 있으면 그 공간에서 스스로 치유하기도 했다. 그때 나는 느꼈다. 공간이 주는 힘이 분명히 있다는 것을.

**"아무것도 없는 빈 곳. 어떤 물질이나 물체가 존재할 수 있거나 어떤 일이 일어날 수 있는 자리"**

공간의 사전적 의미이다. 즉, 일이 일어나기 위해서는 공간이 존재해야 한다는 것이다. 공간을 확보하지 않으면 우리에게는 아무런 일이 일어나지 않는다. 공간에서 우리는 상처를 치유 받고, 생각하고, 일어설 힘을 비축한다.

그리고 다시 뛰어오를 계획을 세운다.

놀이공원에 가면 어린아이처럼 뛰어다니고 싶다는 생각이 든다. 교회에 가면 잘못을 회개하고 기도해야겠다는 생각이 든다. 서점에 가면 책을 구입하고 책을 읽어야겠다는 생각이 든다. 수목원에 가면 천천히 걸으며 사색하고 싶어진다. 이처럼 공간에 따라 나의 행동과 생각이 달라지는 것이다.

나는 휴식하는 공간, 생각하는 공간, 책 읽는 공간이 따로 있다.

그곳은 집이 될 수도 있고, 사무실, 카페, 공원, 차 안이 될 수도 있다. 어디든 상관없다. 내가 하고자 하는 일에 온전히 집중할 수 있는 공간이면 충분하다. 각자의 상황이 다르겠지만 당신이 위대한 세일즈맨으로서 성장하고 싶다면, 온전히 집중할 수 있는 당신만의 공간을 찾아라.

## 06

# 강의 : 가르침이 가장 큰 배움

입사 후 3년 정도 지났을 무렵 평소 친하게 지내던 다른 지점에 있는 선배가 강의를 부탁했다. 그때 당시에는 "제가요? 제가 무슨 강의를 어떻게 해요? 강의 경험도 없어요"라며 거절했다.

"그냥 후배들에게 너의 얘기를 들려준다고 생각하고 편하게 한 번 해봐."라며 권유하는 선배의 말을 계속해서 거절할 수 없었기에 처음으로 강의라는 것을 하게 되었다.

3년간 내가 어떤 마음으로 일했는지, 어떤 프로세스를 갖고 고객을 관리하고 있는지, 앞으로 어떻게 일해 나아갈 것인지를 정리해서 강의에 담았다.

다행히 강의를 들은 사람들의 반응이 좋았다. 강의에 대한 좋은 피드백이 퍼지기 시작했다. 많은 지점에서 강의 요청이 쇄도했다. 한동안 전국에 있는 지점을 순회하며 강의했고, 회사 교육 커리큘럼에 정규 과정으로 들어가기도

했다. 몸은 피곤했지만, 내 얘기가 누군가에게 위로가 되고 용기를 줄 수 있다는 것이 정말 감사했다.

그 후 나의 강의는 소속 회사를 넘어 업계에 소문이 났다. 보험업계는 보수적인 분위기가 있다. 그래서 타 보험사에 있는 세일즈맨을 강사로 초청하려 하지 않는다. 그럼에도 불구하고 메이저급 보험사에 여러 번 초청되어 강의했다. 또한, 전 세계 보험, 재무 전문가들이 모이는 'MDRT 연차총회'에서 한국인 강연사로는 드물게 네 번이나 초대되어 강의하는 영광도 누리게 되었다.

강의는 나의 경험담과 지식, 정보 등을 전달하고 나누는 시간이다. 즉, 내가 얻는 것보다는 내 것을 나눠주는 형태이다. 하지만 강의를 준비하고 콘텐츠를 업그레이드시키면서 한 단계 더 성장하고 발전하고 있음을 느꼈다.

생각을 청중들에게 전달하려면 복잡함과 지루함이 묻어있으면 안 된다. 오히려 재미와 감동이 가미되어야 하며, 무엇보다 내용이 명확해야 청중들이 이해하기 쉽고 강의 메시지가 잘 전달될 수 있다. 유명한 1타 강사들을 보라. 복잡하게 얘기하고 지루하게 얘기하는 사람은 결코 찾아볼 수 없다.

이러한 능력은 고객과의 상담에서도 적용된다. 복잡하고 지루하게 얘기하는 세일즈맨을 원하는 고객은 없기 때문이다.

무언가를 가르치기 위해서는 배우려는 사람보다 더 깊고 넓게 생각하고 논리적으로 준비해야 한다. 이런 과정을 통해 부족한 점을 보완하고 자신을 돌아보는 시간을 가질 수 있게 된다.

강의하다 보면 세일즈 아이디어 또는 노하우를 공개하기도 하는데, 이런 내용을 청중들에게 인정받을 때가 있다. 이런 경험은 고객에게 더욱 임팩트 있게 전달할 수 있는 자신감의 원천이 되기도 한다.

지금은 강의 요청이 들어오면 가급적 후배나 동료들에게 기회를 주려고 한다. 그리고 어떻게든 능력 있는 후배들이 강의할 수 있도록 자리를 마련하려고 한다. 내가 10여 년 전 처음 강의를 요청받았을 때는 쭈뼛거렸지만 그로 인해 성장했음을 알고 있기에 후배들에게도 그것을 느끼게 해주고 싶은 것이다. 더불어 성장하는 후배들과 동료들이 많아져야 나도 더욱 긴장하고 더 좋은 콘텐츠를 만들고 함께 성장할 수 있다고 믿는다.

누군가가 당신에게 강의를 제안하지 않는다면, 단 한 명을 앞에 두고서라도 강의해보아라. 그 한 명의 청중을 감동을 줄 수 있도록 강의 콘텐츠를 준비하다 보면, 당신이 더 성장하고 있음을 느끼게 된다.

분명 당신을 찾는 곳도 점차 많아질 것이다.

# 7장

시간이 지나도 변하지 않는

세일즈 노하우

# 01

## 치킨을 선택하는 방법

주말 저녁 아내와 치킨을 시켜 먹기로 했다. 지도 앱을 열고 평소에 좋아하는 치킨 브랜드를 검색했다. 우리 집을 기준으로 가까운 두 곳이 검색되었다. 한 곳은 1km 정도 떨어진 곳에 있고, 다른 한 곳은 1.5km 정도 떨어진 곳에 있었다. 당연히 가까운 곳에 주문하려던 찰나, 아내가 내 손에 있는 스마트폰을 잠시 달라고 한다.

그리고 잠시 후

"자기야, 여기 말고 다른 곳에서 시키자."

"왜?"

"여기 댓글 보니까 종업원이 불친절하다고 쓰여 있네."

"배달 주문할 건데, 종업원의 서비스가 무슨 상관이야? 맛은 다 똑같잖아."

"그래도, 거기서 주문하지 마. 하나를 보면 열을 알 수 있는 거야."

결국, 댓글 때문에 집에서 조금 더 떨어진 곳에서 치킨을 주문하게 됐다.


1997년도 온라인 경매 사이트 '이베이(ebay)'가 출범될 당시 수많은 경매 사이트가 치열한 경쟁을 벌이고 있었다. 그때 당시만 해도 인터넷 거래가 활성화되지 않았고 신분 확인 절차가 허술했기 때문에 사기 거래가 많았다. 당연한 결과로 인터넷 거래에 대한 신뢰도는 매우 낮았다.

그러나 이베이는 사용자들의 신뢰 구축을 위해 거래 완료 시 고객들에게 상품구매에 대한 피드백을 요청했고, 구매자와 판매자에 대한 평가방식을 통해 상호 신뢰도를 구축했다.

이로 인해 이베이는 최고의 경매 사이트로 올라설 수 있었다.


각종 온라인 사이트에서는 별점, 평점, 후기 등을 통해 판매자를 평가한다. 치킨 한 마리 시켜 먹을 때에도 댓글을 보고 주문한다. 이처럼 제품 및 서비스를 선구매한 사람들의 만족도를 통해 구매 결정을 내리는 것이 일상화되었다.


고객과 상담하다 보면 상담 내용에 매우 만족해하면서 주변 분들을 소개해 주는 경우가 종종 있다. 그럴 때면 고객들의 상담 후기를 어떻게 전달하고 어떻게 담을지를 고민했다. 그래서 고객들이 나와의 상담 후기를 직접 작성할 수 있게 '방명록'을 만들어서 갖고 다녔다.

"고객님! 오늘 저와의 상담이 매우 만족스럽다고 하셨는데, 그 이유와 함께 구체적으로 어떻게 도움이 되셨는지 후기를 작성해 주세요. 소개해 주신 친구분과 다른 고객분들에게 분명 도움이 될 수 있을 겁니다."

이렇게 고객들에게 방명록을 작성해 달라고 요청했을 때, 방명록 작성을 거절 받아 본 적은 없다. 오히려 방명록 칸이 넘치게 긍정적인 얘기들을 작성해 주었고, 나에게 용기와 힘을 주는 얘기들이 많았다.

영업 초기부터 방명록을 통해 많은 고객을 소개받았다. 소개받아 찾아갈 때는 소개해 준 고객이 작성한 방명록을 보여주며, 첫 만남부터 신뢰도를 높인 상태에서 상담을 시작할 수 있었다.

세일즈맨은 고객들에게 신뢰받아야만 하는 직업이다. 하지만 신뢰는 하루 아침에 만들어지는 것이 아니다. 절대적인 시간이 투자되어야 하고, 작은 신뢰들이 쌓여야 완성된다. 하지만 신입 세일즈맨들은 성과를 내야 하기에 마냥 기다릴 수만은 없다. 그런 나에게 방명록은 고객과의 신뢰를 조금 더 빠르고 깊게 쌓을 수 있도록 해준 도구였다.

또한, 세일즈맨으로서 일하다 보면 힘들고 외롭고 자존감이 낮아질 때가 있다. 그럴 때마다 나는 고객들이 작성해 준 방명록을 열어 보았다. "정말 감사합니다. 주훈 님을 만난 건 행운인 거 같습니다.", "주훈 님! 앞으로 오랜 시간 함께 해주셔야 해요.", "올바르게 일을 하는 분을 만나게 되어, 너무 든든합니다." 고객들이 자필로 작성해 준 내용은 나를 다시 뛰게 해주었고, 흔들리는 나를 바로 잡아주는 역할을 했다.

우리는 무언가를 구매할 때 회사와 제품의 브랜드를 고려하여 구입한다. 옷이나 신발의 경우도 브랜드를 따지고, 아파트도 브랜드 인지도 높은 아파트에서 살고 싶어 한다. 이처럼 브랜드 인지도에 따라 가격이 더 높더라도 선뜻 비용을 지불한다. 그만큼 브랜드가 중요하다.

과연 우리는 어떤 브랜드를 갖고 있는가? 우리의 브랜드는 과연 무엇일까? 내가 생각하는 세일즈맨의 브랜드는 바로 '고객'이다. 내가 어떤 고객을 모시고 있고, 어떤 고객을 만나는지가 세일즈맨의 브랜드이다.

서로 신뢰할 수 있는 고객을 만나는 방법과 더 두텁게 신뢰를 쌓을 수 있는 방법, 한 고객에게 다른 가망 고객을 소개받는 방법은 다양하다. 그 중, 상담 직후 방명록을 통해 고객에게 후기를 요청하고, 가망고객을 소개받는 프로세스는 나에게 최고의 성과를 가져다주었다.

빠르고 확실하게 신뢰를 쌓고 싶다면

당신만의 방명록을 만들어라.

그리고 고객에게 이렇게 요청하라.


"고객님! 오늘 저와의 상담이 조금이나마 도움 되셨죠?

저를 만난 느낌과 소감 그리고 구체적으로 어떤 도움을 받으셨는지

편하게 작성 부탁드립니다."

7장 시간이 지나도 변하지 않는 세일즈 노하우

## 02
# 1년 후 약속을 미리 잡아라

당신의 다이어리 또는 스케줄러에 1년 후 약속이 잡혀 있는가?

내 스케줄러에는 1년 후 고객과의 약속이 잡혀 있다.

일부 고객은 2년 후에 뵙기로 한 약속까지 잡혀 있다.

보험에 가입하고 난 후 고객들의 가장 큰 불만이 무엇인지 아는가? 바로 담당자의 연락 부재이다. 담당자가 연락을 주던 안 주던 보험 내용의 변화는 없다. 하지만, 보험 가입 후 연락이 없는 것은 본인을 판매의 대상으로만 보았다는 인식을 줄 수 있기에 고객들은 불만을 가질 수 있다.

나는 고객으로 인연을 맺게 되면 이렇게 약속한다.

"고객님! 제가 1년 후 이맘쯤 다시 리뷰해드리러 찾아뵙겠습니다."

그리고 스케줄러에 메모한다. 1년 후 약속을 거절하는 고객은 단 한 명도 없다. 그리고 1년 후 다시 연락한다.

"고객님! 저희 이번 주에 뵙기로 했는데 기억하시죠? 벌써 1년 차 리뷰해드릴 때가 되었습니다."

대부분의 고객은 이런 연락을 싫어하지 않는다. 오히려 약속을 지키는 세일즈맨으로 인식되어 호감을 느끼게 된다.

이렇게 다시 약속을 잡은 후 계약 내용을 리뷰해주면, 고객들은 마치 처음 듣는 것처럼 진지하게 본인이 가입한 상품을 다시 보게 된다. 그리고 이런 서비스에 만족해하며 1년 전 본인의 선택이 옳았음을 자신에게 증명한다.

이런 정기적 리뷰는 담당자에 대한 신뢰도를 높이는 데 도움을 준다. 새로운 세일즈의 기회를 만들어주는 데에도 효과적이다. 리뷰가 끝나고 나면 많은 고객이 이렇게 얘기한다. "제가 적금이 만기가 되었는데, 추천해 주실 만한 상품이 있나요?", "제 옆에 근무하는 동료가 보험을 알아보고 있는데, 상담해주실 수 있으실까요?"

고객 수가 300명이 될 때까지는 매년 리뷰를 위해 모든 고객을 만났다. 고객 수가 1,000명이 넘는 지금으로선 불가능하게 되어 지금은 선별적으로 만난다. 1년에 2회 정도 모든 고객에게 구글 설문지를 보내고 리뷰가 필요한 고객을 선별한다. 그것만으로도 충분한 활동 스케줄이 나온다.

많은 세일즈맨이 만날 사람이 없어서 힘들어한다. 정확히 말하자면 만날 사람이 없는 것이 아니라 계약할 사람이 없어서 힘들어한다. 입장을 바꿔서 생각해보자. 당신을 만나러 오는 누군가가 매번 당신에게 무언가를 세일즈 하려 한다면 당신은 어떨 거 같은가? 한두 번은 만남에 응하겠지만 그 이상은 당신도 그 세일즈맨을 피하게 될 것이다. 지금 당신의 고객들이 당신을 피하는 것처럼 말이다.

오늘부터 고객들과 1년 후 약속을 잡아라.
그리고 1년 동안 어떻게 지냈는지, 힘든 일은 없었는지,
내가 도울 일은 없는지를 물어보아라.
의도하지 않아도 분명 새로운 세일즈 기회가 펼쳐질 것이다.

## 03

# 이런 것도 도와주실 수 있어요?

입사 초, 대학 병원 신입 간호사로 근무하는 고객이 있었다. 지방에서 올라와 월세도 내야하고 학자금 대출도 갚아야 하는 상황이었다. 부담을 주지 않기 위해 최소한의 보험을 준비시키고, 중장기 상품이 아닌 단기자금 위주로 재무설계를 도왔다.

1년 후 다시 리뷰차 방문했을 때 그 고객은 1년 전보다 얼굴도 많이 좋아졌고 병원 생활에 완벽하게 적응한 듯 보였다.

"주훈 님! 저 칭찬해주세요!"

"왜요? 무슨 좋은 일 있으세요?"

"저 학자금 대출도 많이 갚았고, 지난주에 연금보험도 가입하고 비과세보험 상품도 가입했어요!"

"네? 어디서 가입하셨어요?"

"병원 동기 아는 분이 보험사에 근무하시는데, 그분에게 지난주 상담 받고 가입했어요."

당황스러웠다. 이 고객에게 최소한의 보험을 준비시키고 1년 후쯤 단기자금이 어느 정도 완성되면 연금과 중장기 프로그램을 안내하려 했는데, 나의 계획을 누군가가 가로챘다는 기분이 들었다. 하지만 고객에게 나의 감정을 드러낼 수는 없었다.

"왜 제게 가입 안 하시고 그분에게 하셨어요?"

"어머! 주훈 님도 이런 거 해주실 수 있어요? 저는 아플 때 보장받는 보험만 취급하시는 줄 알았어요."

맞다. 그러고 보니 나는 이 고객에게 연금이나 비과세 상품을 나중에 권해 드리겠다고 말한 적도 없었고, 1년 동안 제안한 적도 없었다. 고객이 모르는 게 당연했다.

나의 실수는 크게 두 가지였다.

첫 번째 실수는 내가 고객에게 어떤 도움을 줄 수 있는지 고객에게 제대로 인지시키지 못한 것. 두 번째 실수는 고객이 부담을 느낄까 봐 쭈뼛거리며 제대로 안내하지 못한 것이다. 개선이 시급했다. 그래서 만든 것이 '주훈 LP의 다양한 금융 솔루션'이었다.

'주훈 LP의 다양한 금융 솔루션'이라는 장표는 총 4개의 꼭지와 총 20개의 항목으로 구성되어 있다. 이 항목은 내가 고객에게 도움 줄 수 있는 금융상품을 나열하고 고객이 체크하는 방식으로 구성되어 있다.

## 1. 질병 및 수술, 입원에 대한 건강보장 프로그램

❶ 진단비 보완 ❷ 수술, 입원비 보완 ❸ 실손의료비 보완 ❹ 사망/상해 보완

## 2. 목돈 마련을 위한 저축 및 투자 프로그램

❶ 사업자금 ❷ 주택자금 ❸ 교육자금 ❹ 여행 및 기타 목적자금

## 3. 행복한 노후를 위한 프로그램

❶ 노후생활자금 ❷ 장기간병자금 ❸ 개인 및 법인 퇴직금 ❹ 상속세 납부 재원마련

## 4. 생애설계 완성을 위한 금융 프로그램

❶ 비과세 저축 및 연금 ❷ 세액공제용 연금 ❸ 주식 및 펀드 ❹ 간병보험
❺ 어린이보험 및 태아보험 ❻ 긴급비상자금 및 예비자금
❼ 자동차/운전자/화재보험 ❽ 대출 상환

기존 고객을 만나서 리뷰를 마친 후 항상 이 장표를 꺼내어 얘기한다.

"고객님! 그동안 고객님의 재정 상황이나 금융상품에 대한 니즈 변화가 있으실 텐데, 도움받고 싶은 내용이 있으시면 체크해 주세요."

고객들의 반응은 대부분 이렇다. "이런 것도 도와주실 수 있어요?", "안 그래도 저 이거 궁금했어요." 이런 계기를 통해 고객과의 관계는 더 돈독해졌고, 새로운 세일즈 기회를 모색할 수 있었다.

나와 같은 실수를 저지르지 않으려면 이 두 가지를 꼭 기억해야 한다.

첫 번째, 고객은 당신이 어디서부터 어디까지 도와줄 수 있는 사람인지 정확히 인지하지 못한다. 반드시 당신이 도와줄 수 있는 내용을 고객에게 명확히 알려야 한다.

두 번째, 이 책의 2장 '고객의 니즈를 확장시켜라'에서도 말한 바 있지만, 강요와 부탁은 고객에게 부담을 줄 수 있다. 하지만 정보전달 및 기회 제공은 결코 부담이 아니다.

이제 당신만의 장표를 만들어보라.

다가온 기회를 놓치는 일이 없어질 것이다.

## 04

# 인생에서 가장 소중한 것을
# 발견하게 하라

    고객들과 상담 시 본론을 말하기에 앞서 편안한 분위기를 만들고 세일즈맨의 얘기에 집중할 수 있게 만드는 것을 일명 '릴랙스'(Relax) 또는 '아이스브레이킹'(Ice Breaking)이라고 한다. 나는 이 두 가지를 '릴랙스'로 통칭하겠다.

    릴랙스의 소재는 어떤 것이 있을까? "오늘 날씨가 참 좋습니다.", "어제 축구 경기 보셨어요?", "아이들은 공부 잘하죠?" 날씨, 경제, 정치, 스포츠 등 인생을 살면서 겪는 모든 것이 릴랙스 소재가 될 수 있다. 하지만, 세일즈맨이 설명하고자 하는 핵심 내용과는 무관하기에 성과에 도움이 되진 않는다.

    여기에서 내가 실제 보험 상담 시 주로 활용하는 릴랙스 노하우를 소개하겠다.

    내 앞에 부부 고객이 앉아 있다.

"한 주간 잘 지내셨죠? 제가 두 분께 의미 있는 설문을 하려고 합니다."

미리 준비한 A4 종이와 펜을 꺼내 남편과 아내 앞에 둔다.

"제가 지금부터 4개의 질문을 드릴 건데, 편안하게 답변을 적으시면 됩니다. 첫 번째, 질문입니다. 본인이 가장 아끼고 좋아하는 '물건' 세 가지 적으세요."

첫 번째 질문을 하면 '이걸 왜 적으라고 하는 거지?', '뭘 적어야 하는 거지?'라는 생각이 들면서 순간 멈칫하게 된다. 이때 세일즈맨이 직접 본인이 아끼는 물건 세 가지를 먼저 알려주는 게 핵심이다.

"저는 제 지갑, 핸드폰, 승용차가 가장 중요한 물건입니다."

세일즈맨의 얘기를 들은 남편들은 대부분 세일즈맨과 비슷하게 세 가지를 적고, 아내들은 가방, 냉장고, 액세서리 등 다양한 답변을 적는다.

"두 번째, 질문입니다. 가장 아끼는 일 세 가지를 적으세요."

"세 번째, 질문입니다. 가장 아끼는 신체 부위 세 곳을 적으세요."

"네 번째, 질문입니다. 가장 아끼는 사람 세 분을 적으세요."

이렇게 총 4개의 질문을 던진다. 고객들은 각 질문에 3개씩 총 12개의 소중한 것들을 적게 된다. 질문에 대해 생각할 시간이 필요하기에 약간의 시간이 걸릴 수 있다. 고객들이 충분히 생각하며 적을 수 있게 기다려야 한다.

"고객님! 어렵게 답변을 다 적으셨는데, 12개 답변은 고객님 인생에서 가장 중요한 항목이라고도 할 수 있습니다. 그런데, 만약 재정적 문제로 12개 항목 중 5개의 항목을 지워야 한다면 무엇을 지우시겠습니까?"

이 질문에 대부분의 고객은 물질적인 내용과 본인이 좋아하는 일을 먼저 지운다. 12개 항목 중 5개를 지웠으니 7개 항목이 남았다.

"고객님! 남은 7개 항목 중에 건강상 문제로 3개의 항목을 지워야 한다면 무엇을 지우시겠습니까?"

이 질문부터 많은 고객이 망설이기 시작한다. 왜냐하면, 자기 신체를 지워야 하기 때문이다. 끝까지 침묵하며 고객들이 지울 때까지 인내심을 갖고 기다려야 한다.

"마지막 질문입니다. 7개 항목 중 3개를 지우셨으니 이제 4개 항목이 남았는데요. 건강이 더 악화되어 4개 항목 중 2개를 더 지워야 한다면, 마지막으로 무엇을 지우시겠습니까?"

대부분 끝까지 지우지 못한 항목은 '배우자와 자녀' 또는 '배우자와 부모님'이다.

내가 가장 아끼는 물건?   ④지갑 ②핸드폰 ③승용차

내가 가장 아끼는 일?   ④직업 ②독서 ③사색

내가 가장 아끼는 신체 부위?   ④눈 ②입 ③손

내가 가장 아끼는 사람?   ①자녀 ②아내 ③부모님

"고객님! 인생에서 가장 중요한 것들을 전부 포기하면서 끝까지 지켜주고 싶은 대상이 배우자와 자녀입니다. 제가 지금부터 안내해 드리는 프로그램이 고객님을 대신할 수는 없지만, 끝까지 지켜주고 싶은 배우자와 자녀에게 최소한의 우산은 되어 드릴 수 있습니다. 지금부터 제 애기를 집중해서 경청해주시면 감사하겠습니다."

여기에서도 한 가지 노하우가 있다. 위와 같이 설문하다 보면 자칫 분위기가 무거워질 수 있으니 가볍게 농담도 던지며 설문을 이끌어 나가야 한다.

"어떤 부인은 명품 가방이나 반려동물을 끝까지 지키시고 남편을 먼저 지우시는데, 남편분을 끝까지 살려주시네요. 참 다행입니다."

릴렉스는 단순히 본론을 얘기하기 전에 입을 푸는 과정이라고 생각하면 안 된다. 의구심으로 빗장을 걸고 있는 고객의 마음을 열고 세일즈맨의 얘기를 경청할 수 있게 만드는 과정, 이것이 진짜 릴렉스라고 말할 수 있다.

위대한 세일즈맨은, 어떤 프로그램을 설명하느냐에 따라 그에 맞는 분위기를 형성할 줄 알아야 한다. 고객과 상담 시 분위기가 무거운 것과 진중한 것은 분명 차이가 있다. 보장프로그램을 안내할 시에는 고객을 '진중한' 상태로 만드는 것이 중요하다.

소개한 노하우를 당신의 것으로 만들어보라.
당신이 여기서 주목해야 할 사실은 바로 이것이다.
이렇게 설문을 한 부부 중 '가족을 위한 보장프로그램'을 거절한 고객은
단 한 명도 없었다는 것!

# 05

# 그게 바로 '핵심'입니다

고객과 상담을 하다 보면 상품과 서비스에 대한 질문을 받을 때가 있다. "이럴 때는 어떻게 보상이 됩니까?", "이 상품 수익률은 괜찮나요?", "오래 근무하실 건가요?"

당신은 이럴 때 어떻게 대응하는가?

세일즈맨에 따라 답변은 자기 방식대로 하면 된다. 하지만 나는 답변을 얘기하고자 하는 것이 아니다. 고객으로부터 질문을 받았을 때 세일즈맨의 즉각 반응에 대해 얘기하고자 한다.

10여 년 전의 일이다. 전셋집 계약 기간이 도래되어 이사를 준비하고 있었다. 마침 조건에 적합한 매물이 있어서 부동산 사장님과 함께 집을 보러 갔다. 부동산에 대해 지식도 없었고, 경험치도 없었기 때문에 겉으로 드러나 보이는 하자만 없으면 괜찮다고 생각했다.

집을 둘러보고 그냥 아무 말 없이 나오기 뻘쭘해서 부동산 사장님에게 몇 가지 질문을 했다.

"사장님, 여기 층간 소음이나 외부 소음은 어떤가요?"
"그게 핵심이죠. 젊은 분이 집을 보실 줄 아시네!"

나는 부동산을 보는 안목이 없다고 생각하고 있었는데, 핵심 질문을 했다고 하니 괜히 어깨가 으쓱했다. 그리고 다른 질문을 이어 나갔다.

"이 지역은 개발 호재가 있나요?"
"너무 좋은 질문이에요. 이곳이 앞으로 이런 호재들이 있어서 전세 말고 매수하는 것도 괜찮을 거예요."

지금 와서 보면 나의 질문을 받아쳐 준 부동산 사장님은 진정 고수였다. 나의 질문은 그냥 지극히 평범한 질문이고 부동산에 대해 잘 모르는 사람들이 흔히 할 수 있는 질문이었다. 하지만 부동산 사장님은 '그게 핵심이에요', '너무 좋은 질문이에요'라며 나의 질문을 최고로 인정해주고 받아 준 것이다.

이후부터 고객들의 질문에 나는 이렇게 즉각 반응한다.

"주훈 님! 이 상품 수익률은 괜찮나요?"

"그게 바로 핵심입니다. 이 상품의 수익률은요…"


"주훈 님! 오래 근무 하실 거죠?"

"그게 바로 핵심입니다. 담당자가 오래 근무해야…"


정보의 바다에 사는 요즘이라고는 하지만, 분명 정보의 비대칭성은 존재한다. 당신이 IT 전문가와 얘기를 해야 할 상황이라고 가정해보자. 당신은 IT 분야에 대한 지식이 전혀 없다. 그런데 고민 끝에 당신이 IT 전문가에게 질문을 던졌는데 "그게 바로 핵심입니다", "굉장히 좋은 질문입니다"라는 얘길 들으면 어떨 거 같은가?


상대방의 답변 내용을 떠나 나의 질문이 인정받은 것 같은 느낌과 함께 핵심을 잘 짚었다는 생각이 들게 될 것이다. 그리고 질문을 한 나의 기분도 좋아지고 상대방에 대한 호감도도 상승한다.


고객들의 질문은 모두 핵심 질문이자 좋은 질문이다. 불필요한 질문은 없다. 나쁜 질문도 없다. 고객의 질문에 어떻게 답변해야 할지 미리 준비해야 하지만, 질문에 어떻게 반응하느냐가 훨씬 더 중요하다.

"그게 바로 핵심이다!"

## 06

# 나는 우량주입니다

본인이 경험한 것을 얘기하는 것과 경험하지 않은 것을 얘기하는 것은 질적으로 차이가 있다. 건강식품의 성분만을 보고 좋은 제품이라고 생각할 수도 있지만, 효능과 효과를 직접 경험한 사람의 얘기는 분명 전달되는 에너지가 다르다.

간혹 고객들과 상담 시 이런 질문을 받는다. "주훈 님은 돈 관리를 어떻게 하세요?", "보험과 연금은 어떤 상품에 가입되어 있으세요?" 당신이 만약 이런 질문을 받는다면 어떻게 하겠는가? 고객에게 제안한 상품을 혹시 당신도 가입하고 있는가? 당신의 재무 상태를 고객에게 가감 없이 보여 줄 수 있는가?

고객의 재정적 안정도 중요하지만 세일즈맨의 재정적 안정이 우선되어야 한다고 말한 바 있다. 나는 30대 초반에 20~30년 후의 재무계획을 설계해 놓았다. 55세부터 연금 받을 계획, 부동산을 통한 임대소득 준비, 갑작스러운 사고나 질병에 대비한 보험, 절세를 통한 상속 증여 계획까지 설계했다. 물론 아직 미완성이지만 크게 무리 없이 계획대로 준비되어 가고 있다.

고객이 원할 시에 나는 이 모든 내용을 고객에게 보여준다.

"고객님, 저는 이렇게 하고 있습니다."

고객들은 나의 자산 현황에 매우 흥미를 느끼고 질문을 이어 나간다. 그리고 내가 왜 이렇게 하고 있고 앞으로 어떤 계획을 갖고 있는지 부연 설명 한다.

심지어 내가 보유하고 있는 주식 종목과 부동산 투자 지역까지 구체적으로 알고 있는 고객들도 있다. 내가 고객들에게 숨김없이 모든 것을 공개하면 할 수록 고객들은 나에게 무한 신뢰를 보낸다. 그리고 고객들은 이렇게 얘기한 다. "저도 당신처럼 이런 계획을 준비하고 싶은데, 어떻게 해야 하나요?"

모든 것을 경험하고 모든 것을 갖춘 상태에서 세일즈하기는 쉽지 않다. 거 의 불가능하다. 내가 판매하고 있는 모든 금융 상품에 가입한 후에 고객에게 권할 수도 없는 노릇이고, 아직 불완전한 재정 상태를 공개하면서까지 세일 즈할 수도 없다. 오히려 역효과가 날 수 있기 때문이다.

그럼 어떻게 해야 하는가?

10여 년 전 나는 재정적으로 매우 불안한 시기를 겪고 있었다. 자산보다 부채가 많았으며, 노후 준비는커녕 유지하고 있는 금융상품도 미납되기 일쑤였다. 그때 당시의 재정 상황은 정말 부끄럽고 보잘것없었다. 오히려 고객들의 재정 상황이 더 좋았었다. 하지만 나는 누구보다 구체적이고, 멋있고, 풍요로운 20~30년 후의 계획을 갖고 있었다.

그리고 분명 그것이 이루어질 거라 믿었다.

믿었기 때문에 이런 미래의 계획들을 고객들과 공유했다. 비록 지금 당장은 보잘것없는 재정 상황이지만 미래의 내 모습을 고객들에게 선명하게 보여주었다. 지금 와서 돌이켜 보면 고객들은 현재의 내가 아닌 미래의 내 모습과 계획에 더 공감해주었고 본인들도 함께하고자 했다.

나의 계획은 아직도 미완성이고 진행형이다. 아직 갈 길이 멀다. 하지만 하나둘씩 계획대로 되어 가고 있음을 느낀다.

당신의 현재 재정 상황이 미완성이어도 괜찮다. 오히려 완성된 것이 이상하다. 당신의 현재 모습이 초라해도 부끄러워할 필요 없다. 누구나 그런 시간을 겪어야 하며, 필요하다고 생각한다. 하지만 당신의 미래 계획마저 고객에게 말할 수 없을 정도로 부끄럽다면 그건 당장 바꾸어야 한다.

주식 투자를 하는 사람들은 저평가된 우량주 또는 가치주를 좋아한다. 그리고 시간을 두고 그 주식을 꾸준히 매수한다. 반대로 고평가된 잡주를 좋아하지 않는다. 하루라도 빨리 그 주식에서 손을 털고 나가고 싶어 한다.

세일즈맨도 마찬가지이다. 고객들은 앞으로 장래가 밝은 세일즈맨을 원한다. 우량주처럼 든든하고 가치주처럼 기대감이 있어야 본인들에게 도움이 될 거라 생각하기 때문이다. 당신이 고객에게 잡주처럼 느껴지는 순간 당신은 고객에게 손절매 당하게 되어 있다.

고객들에게 자신 있게 "저는 이렇게 하고 있습니다"라고 말할 수 없는 상황이라면 이렇게 말해보는 것은 어떨까?

"고객님! 저는 앞으로 이런 계획을 갖고 있습니다."

다시 한번 말하지만, 현재 재정 상황이 미완성이어도 괜찮다. 자신 있게 말해보자. 분명 당신을 저평가된 세일즈맨이라고 생각하고 당신에게 투자하는 고객이 있을 것이다.

그리고 꼭 증명해 보여라.

당신이 잡주가 아니라 우량주, 가치주였다는 것을.

# 하버드대학 와이드너 도서관 앞에서
## (The Harry Elkins Widener Memorial Library)

세일즈를 시작하고 1년이 지났을 무렵, 재정적으로 힘든 시기가 찾아왔다. 통장은 항상 잔고 부족 상태였고, 카드값과 보험료는 미납되기 일쑤였다. 고객과 커피 한잔하고 식사를 하는 것도 부담되던 시절이었다.

이런 얘기를 후배에게 했더니 본인도 지금 그런 시기라며 어떻게 이겨냈는지 궁금해했다.

당신은 이런 상황을 경험해 본 적이 있는가? 지금 경험하고 있을 수도 있고, 경험한 적이 없다면 앞으로 이런 상황을 경험하게 될지 모른다. 하지만, 똑같은 상황에서도 어떻게 해석하고 의미를 부여하느냐에 따라 결과는 달라지기 마련이다.

한 친구는 이렇게 얘길 한다.

'왜 나에게만 이렇게 힘든 일이 일어나는 거야.'
'나는 왜 하는 일마다 이렇게 재수가 없는 거야.'
'못난 부모 때문에 내가 이렇게 고생한다.'

다른 한 친구는 이렇게 얘길 한다.

'나중에 얼마나 더 잘 되려고 이렇게 힘든 거야.'

'나를 시험하는 중이구나. 보란 듯이 시험을 잘 통과해야겠군.'

'세상에 더 크게 쓰이기 위해 내 그릇을 넓히는 과정이구나.'

'나중에 나와 같은 상황을 겪는 사람들에게 큰 위로가 될 수 있겠어.'

당신이 CEO라면 어떤 친구에게 회사의 중책을 맡기겠는가?

당신이 신(神)이라면 어떤 친구를 돕겠는가?

답은 정해져 있다.

여러 번 얘기했지만 나는 결핍이 많은 사람이다. 겸손해 보이기 위해 하는 말이 아니다. 다방면에 능력이 뛰어난 사람이 아닌, 다방면에 부족함이 많은 사람이다. 그럼에도 불구하고 힘든 시기를 잘 이겨냈고, 회사에서 중책을 맡아 일하고 있다. 결핍이 많은 나로서는 할 수 없었을 일을 하고 있는 것이다.

지금 내 모습은 나의 능력으로 만들어진 게 아니다. 모두 선물 받은 것이다. 힘든 상황에서도 매 순간 긍정적이고 성실하고 정직하게 살아온 것에 대해 하나님이 선물을 준 것이다. 선물로 살아가는 이 삶을 어찌 대충 살아가겠는가? 그래서 오늘도 나는 최선을 다해 살아가고 있다.

혹시라도 당신이 힘든 시기를 겪고 있다면 나의 얘기들이 작은 위로와 격려가 되었으면 한다. 그래서 작은 불씨가 되어 당신의 신념과 열정이 되살아나길 바란다. 그래야 나도 당신의 모습을 보고 힘을 얻어 나아갈 테니까.

우리는 서로에게 그런 존재가 되어주어야 한다.

약 2년간 틈이 날 때마다 집과 사무실, 카페에서 글을 썼다. 마지막 에필로그는 조금 특별한 장소에서 쓰고 싶었다. 그리고 그 바람이 이루어졌다.

나는 지금 미국 하버드대학교에 있다. 하버드대학교에서 가장 크고 웅장한 와이드너 도서관 앞에서 글을 쓰고 있다.

매년 6월경, 북미지역을 순회하며 전 세계 금융보험전문가들의 축제인 MDRT 연차총회가 열린다. 약 1만여 명이 모이는 이 행사가 올해는 미국 보스턴에서 개최되었다. 하버드는 보스턴 시내에서 차로 약 10~20분 정도의 거리에 있다.

미국 대통령이 8명이나 배출된 곳. 전 세계에서 억만장자와 국제기구 수장 및 노벨상 수상자를 가장 많이 배출한 곳도 이곳 하버드이다. 무언가 특별한 게 있을 것이라 생각했기에 꼭 한번 와보고 싶었던 곳이었다. 그중에서도 와이드너 도서관은 특별한 스토리가 있다. 1912년 4월 14일 세계 최고 호화 유람선 타이타닉호가 침몰했다. 이 사고로 1,500여 명이 사망하게 됐다. 사망자 중에는 하버드대학 졸업생인 '해리엘킨스 와이드너'도 있었다. 그의 어머니 엘리너는 사랑하는 아들 와이드너를 기억하기 위해 하버드에 도서관 건립비용을 기부했다. 그 후 1915년 6월 24일 하버드대학에서 가장 큰 '와이드너 도서관'이 개관하였다.

사랑하는 아들을 떠나보낸 부모의 마음이 어땠을까? 견줄 수 없을 정도의 큰 고통의 시간이었을 것이다. 하지만 100년이 지난 지금은 어떤가. 이 도서관에서 공부한 학생들이 세계 각지에서 리더로 성장하고 있다. 덕분에 수많은 사람에게 와이드너라는 이름이 기억되고 있다.

100여 년 전 와이드너와 그의 어머니는 알고 있을까? 본인들의 이름이 얼마나 아름답게 남겨져 있는지를. 지금 당장의 상황으로 판단할 수 있는 건 없다. 당신이 생각하는 것보다 당신 인생은 멋진 계획이 기다리고 있다. 그리고 멋진 계획에 다다르게 되면 꼭 기억해라. 지금의 시련과 고통이 당신을 거기까지 데려다주었다는 것을.

2022. 06
하버드대학교 와이드너 도서관 앞에서

위대한 세일즈맨의 원칙